シリーズ 戦争学入門

イスラーム世界と平和

中西久枝 著

創元社

シリーズ「戦争学入門」序言

好むと好まざるとにかかわらず、戦争は常に人類の歴史と共にあった。だが、日本では戦争について正面から研究されることは少なかったように思われる。とりわけ第二次世界大戦（太平洋戦争）での敗戦を契機として、戦争をめぐるあらゆる問題がいわばタブー視されてきた。

そうしたなか、監修者を含めてシリーズ「戦争学入門」に参画した研究者は、日本に真の意味での戦争学を構築したいと望んでいる。もちろん戦争学とは、単に戦闘の歴史、戦術、作戦、戦略、兵器などについての研究に留まるものではない。戦争が人類の営む大きな社会的な事象の一つであるからには、おのずと戦争学とは社会全般の考察、さらには人間そのものへの考察にならざるを得ない。

本シリーズは、そもそも戦争とは何か、いつから始まったのか、なぜ起きるのか、そして平和とは一体何を意味するのか、といった根源的な問題を多角的に考察することを目的としている。確認するが、戦争は人類が営む大きな社会的な事象である。そうであれば、社会の変化と戦争の様相には密接な関係性が認められるはずである。

「軍事学」でも「防衛学」でも「安全保障学」でもなく、あえて「戦争学」といった言葉を用いるのも、戦争と社会全般の関係性をめぐる学問領域の構築を目指しているからである。

具体的には、戦争と社会、戦争と人々の生活、戦争と法、戦争をめぐる思想あるいは哲学、戦争と倫理、戦争と宗教、戦争と技術、戦争と経済、戦争と文化、戦争と芸術といった領域を、理論——「横軸」——と歴史あるいは実践——「縦軸」——を文字通り縦横に駆使した、学術的かつ学際的なものが戦争学である。当然、そこには生物学や人類学、そして心理学に代表される人間そのものに向き合う学問領域も含まれる。

戦争と社会が密接に関係しているのであれば、あらゆる社会にはその社会に固有の戦争の様相、さらには、あらゆる時代にはその時代に固有の戦争の様相が現れる。そのため、二一世紀には二一世紀の社会に固有の戦争の様相、さらには戦争と平和の関係性が存在するはずである。問題は、戦争がいかなる様相を呈するかを見極めること、そして、可能であればこれを極力抑制する方策を考えることである。その意味で本シリーズには、「記述的」であると同時に「処方的」な内容のものも含まれるであろう。

また、本シリーズの目的には、戦争学を確立する過程で、平和学と知的交流を強力に推進することがある。

戦争学は、紛争の予防やその平和的解決、軍縮および軍備管理、国連に代表される国際組織によるさまざまな平和協力・人道支援活動、そして平和思想および反戦思想などもその対象とする。実は戦争学の射程は、平和学と多くの関心事項を共有しているのである。

よく考えてみれば、平和を「常態」とし、戦争を「逸脱」と捉える見方は誤りなのであろう。なるほど戦争は負の側面を多く含む事象であるものの、決して平和の影のような存在ではない。その意味において、戦争を軽視することは平和の軽視に繋がるのである。だからこそ、古代ローマの金言に「平和を欲すれば、戦争に備えよ」といったものが出てきたのであろう。

戦争をめぐる問題を多角的に探究するためには、平和学との積極的な交流が不可欠となる。戦争を研究しようと平和を研究しようと、双方とも学際的な分析手法が求められる。また、どちらも優れて政策志向的な学問領域である。戦争学と平和学の相互交流によって生まれる相乗効果が、世界が複雑化し混迷化しつつある今日ほど求められる時代はないであろう。

繰り返すが、「平和を欲すれば、戦争に備えよ」と言われる。だが、本シリーズは「平和を欲すれば、戦争を研究せよ」との確信から生まれてきたものである。なぜなら、戦争は恐ろしいものであるが、簡単には根絶できそうになく、当面はこれを「囲い込み」、「飼い慣らす」以外に方策が見当たらないからである。

シリーズ「戦争学入門」によって、長年にわたって人類を悩ませ続けてきた戦争について、その理解の一助になればと考えている。もちろん、日本において「総合芸術（Gesamtkunstwerk）」としての戦争学が、確固とした市民権を得ることを密かに期待しながら。

第二期は、日本国内の新進気鋭の研究者に戦争や平和をめぐる問題について執筆をお願いした。執筆者はみな、それぞれの政治的立場を超え、日本における戦争学の発展のために尽力して下さったため、非常に読み応えのある内容となっている。

シリーズ監修者　石津朋之
（防衛省防衛研究所　戦史研究センター主任研究官）

はじめに

本書は、戦争学のシリーズの一冊である。戦争といえば、一般には軍備増強とか戦略とか安全保障などの概念が登場する。だがそうした言葉はこの本の書名にはない。むしろ戦争とは反対の平和が入っている。また戦争学では、通常は特定の地域を取り上げることはないが、本書では中東・イスラーム世界という、一見特定の世界を扱っているようである。これで戦争学の本なのだろうかと思う方々は多いかもしれない。

本書はなぜ中東・イスラーム世界を取り上げるのか。それは、この世界には長期にわたる戦争が二〇世紀から二一世紀にかけて続いてきたからである。それなら「中東・イスラーム世界の戦争」という題名の方がぴったりくるのではないかと読者は思うであろう。

私があえて戦争ということばを題名には含めないことにしたのには、いくつか理由がある。一つは、私は自分が研究してきた対象が「戦争学」の分野であると思ったことは一度もなかったからである。それゆえ本書の執筆依頼の話が来たときは、「私の専門分野とは異なるので」とお断りをしたくらいである。私は平和のあり方について研究してきたので、戦争学の本は書けないと。その後、シリーズ監修者の石津朋之さんが、頑《かたく》なに断りを入れた私を説得し、私は執筆する覚悟を決めた。でも本当に戦争学の本になるのか自信はなかった。

それでも本書を書くことを決めたのは、あることに気がついたからである。考えてみれば戦争と平和は紙一重である。平和のことを書こうと思えば、戦争のことを書かないわけにはいかない。戦争について書くのは、そこに平和への想いがあるからであり、平和への道はどう模索すべきかを語ろうと試みるからである。

あえて題名に戦争ということばを入れなかったもう一つの理由は、中東・イスラーム世界の歴史は戦争ばかりではなかったからである。オスマン・トルコの最盛期もサファヴィー朝ペルシャの栄華の時代も、多民族かつ多宗教を背景にもつ人びとが平和に暮らしていた。今日でも、この世界は紛争や戦争のみが起こっているわけではない。

実はここまでの話は、中東・イスラーム世界を中東・イスラーム地域とほぼ同一に考えるという前提に立っている。実際には、中東・イスラーム世界は、中東出身者が住む地域あるいはイスラーム教徒が住む地域であると定義すれば、中東地域に限定されなくなる。

欧米には二五〇〇万人以上のイスラーム教徒（ムスリム）が住んでいる。世界に居住するムスリムのすべてが中東にルーツのある人びとであるわけではもちろんない。他方、欧州で起こっているイスラームあるいはムスリム嫌い（イスラモフォビア）という現象は、中東にルーツのあるムスリムに対する偏見や差別に集中していることが多い。それは、かつて西欧諸国が中東・北アフリカの地域を植民地支配した歴史があり、それゆえに欧州には中東・北アフリカの旧植民地出身者の第二世代や第三世代が住んでいるからである。歴史的な経緯から、欧州では今日ムスリムとの関わりや共生の問題が存在している。

イスラーム世界は、ムスリムが住んでいる地域だと考えれば、世界中にムスリムコミュニティがあり、そこがイスラーム世界だと捉えることができる。そのなかでもとくに本書が「中東」イスラーム世界に焦点を当てるのは、近現代の国際政治のなかで、アメリカやロシアという大国がこの地域と深く関わってきたからである。また、ここ十年ほど中国が中東との関係を強めている。

その関わり方はさまざまである。中東地域は、エネルギー資源の調達先としてあるいは武器の輸出先として、こうした大国には重要であった。アメリカは、いまや中東の石油資源にはさほど関心はない。アメリカ自らが石油輸出国となり、中東の石油離れに成功したからである。だが中国にとっては、中東の石油や天然ガスは重要である。ロシアにとっては、中東の一部の地域は黒海や地中海という「海」へのアクセスを確保するルートとして戦略的意義をもつ。このように大国にとっては、中東地域はあくまで現実的な利害の渦巻く場所である。それゆえに中東地域は大国による政治的・経済的・社会的・文化的な介入を受けてきた。紛争や戦争にはそれが如実に現れる。

他方、中東・イスラーム世界の人びとは、常に大国の政治の影響と関わりながら生活しているわけではない。自分を取り巻く世界は、家族から始まってコミュニティ、そしてグローバルな社会関係のなかにある。ここであえて国家を飛ばしたのは、人びとのつながりは国境を越えている傾向がとくにこの世界で強いからである。インターネットが普及する前から、この世界の人びとは可動性が高い。親族が住んでいるのが国内であれ海外であれ、互いに訪問しあう。国境を越えて同じ民族が住んでいれば、それを頼りに移住する。一国内の政策の影響は大きいが、国家権力を少なくとも日本人ほど信じてはいないし、頼りにもしていないように見える。家畜を放牧するのによりよい緑の草を求めて、人びとはあらゆる機会を利用して移動する。それが隣の行政区であろうと海外であろうと、移動の動機が強ければ人びとはフェンスを越え、国境を越える（もちろんこれは比喩であって、中東・イスラーム世界の人びとがみな放牧しているわけではない）。

中東・イスラーム世界は、ほかの世界よりも特殊な世界として考えられてきた。それはイスラームゆえのことだと説明されることが多い。たしかにイスラームは単なる宗教ではなく、時として政治や経済や社会の制度として機能し、人びとの生活の根幹をなす価値体系である。しかしながら、イスラームの特性だけでこの世界をみて、これがイスラーム世界である、これが中東であるといってしまってよいのであろうか。

答えはイエスとノーであろう。中東・北アフリカ地域は、とかく民主化が進展しなかった地域だといわれてきた。それが進むかと思われた二〇一一年のアラブの春以降、人びとによる民主化の要求はあまり叶っていないように見える。だがそれはイスラームゆえではないのはもちろんである。それと同時に、中東・北アフリカ全体が地域として一体的に民主化が沈滞した地域だと見做《みな》してよいかという問題がある。中東・北アフリカ諸国は二二ヵ国あり、いうまでもなく多様である。ほとんどがアラブ諸国であるが、イスラエル、トルコ、イランの三ヵ国はアラブではない。

本書は、中東・イスラーム世界について、紛争や戦争はなぜ起こったのか、なぜ長いのか、この地域の経済発展はどのようになっているのか、今後の発展の可能性には何が鍵となるのか、という点に焦点を当てている。しかしながら、中東・北アフリカ地域すべてを包含して取り上げていないことはおゆるし願いたい。主に取り上げたのは私が行ったことのある国々である。私は行ったことのない国のことを書くのは至難の業だと考えている。

本書では中東といいながら、通常、中東には入れないアフガニスタンについて多く記述している。それはアフガニスタンの戦乱が長く続いたこと、本書ではあまり触れてはいないが、とくに一九九〇年代にサウディアラビアやアラブ首長国連邦（UAE）から軍事的、財政的に支援を受けた経緯があることなどの理由からである。歴史的にはトルコ系の王朝が興隆と衰退を繰り返した地域でもある。

本書の執筆過程の最後のほうで、ウクライナ戦争が起こった。ウクライナは主に欧州とロシアの関係性が強い国家である。ロシアにとってウクライナは、NATO（北大西洋条約機構）諸国と接する最も西側の国家である。その意味ではロシア対NATOの構図が戦争の根幹にある。中東・イスラーム世界はそこからは遠いように見える。

だが実際には影響は大きい。ロシアはトルコとともにシリア内戦での重要なキープレーヤーである。中東の大国イランは、ウクライナ戦争ではむしろロシアのほうを向いている。中国がアメリカよりはロシアの側についている今日、アメリカ離れが加速しつつあるサウディアラビアもUAEもロシアへの批判を控えている。

コロナ禍を経て経済的な失速がグローバルに見られる現在、国家運営には強いリーダーシップが必要な時代になった。中国のようないわゆる権威主義国家はこの最たる例である。権威主義国家は民主主義をどう実現するのであろうか。民主化はどのようにして可能なのか。民主主義に代わるものがいまだに見いだせないなか、日本でも欧米でも重要な価値やスローガンとして民主主義は重要視されている。他方、民主主義が確立しない中国が世界第二位の大国となった今、民主主義がなくても経済発展は可能なのかという問題が提起されている。

イスラームの価値観と規範が最も根強いのは、イスラームに基づく女性の権利の分野である。それはシャリーアと呼ばれるイスラームの法体系が支配する分野である。イスラーム的価値観はどこまで普遍的な国際的な人権規範を取り込めるのであろうか。中東には石油、天然資源の豊かな国とそうでない国がある。日本のように資源のない国からみると資源国は豊かに見えるが、将来の経済はどのような方向に向かうのであろうか。民主化がなかなか進まなくても経済発展は可能なのであろうか。

平和とは、武力紛争がない状態だけを指すのではないことは、ヨハン・ガルトゥングが積極的平和論で明らかにしている。平和な社会は、不平等がない公正な社会である。誰もが安心して生活できる経済的かつ社会的基盤がある社会である。中東・イスラーム世界にとって平和とは何なのであろうか。長い間私が問い続けてきた深遠な問題について、本書はその一端を描こうとしている。

目次

第5章 新しい戦争の時代を生きる

地図作成　ＺＡＰＰＡ河本佳樹　装丁　濱崎実幸

第1章　イスラーム世界の人びとは何と戦っているのか

1　中東・イスラーム世界の戦争と紛争

イスラーム世界とはどこか

今日、七人に一人か五人に一人はイスラーム教徒（ムスリム）だといわれている。サウディアラビアのメッカで七世紀に誕生したイスラームは、その後世界各地に拡がり、ムスリムは世界各地で生活している。アメリカだけで六〇〇万人のムスリムが住み、欧州にはその倍以上のムスリムがいるといわれている。また、ムスリムの人口が最も多いのはインドネシアで、約二億人のムスリムが居住している。次がパキスタンの約一億七千万、それにインドの約一億六千万人と続き、いずれも中東諸国ではない。中東で最もムスリム人口が多いとされているのはイランで約七五〇〇万人、次いでトルコの約七四〇〇万人だという統計がある。

したがって、イスラーム世界とはどこかといえば、ムスリムの人口が多い東南アジアや、インド、パキスタン、バングラデッシュなどの南アジア、それに中東北アフリカ諸国が入る。他方、ムスリムは現在世界中に住んでいる。その意味で、イスラーム世界とは、特定の地域を指すわけではない。ムスリムが住んでいる地域は、すべてイスラーム世界だと考えられている。この認識は、いまや世界的な社会通念になりつつある。

イスラームは、宗教だけではなく、一つの世界観であり、価値観でもあり、生活様式でもある。また、政治制度や経済・社会制度やシャリーアと呼ばれる法体系をも構成しており、ムスリムの生活のあらゆる側面に影響を与えている。二〇一四年、シリア内戦がイスラーム国というテロ集団の参戦により戦闘が激化し、アフリカ諸国の多くの難民が地中海を渡って欧州に移動した。その結果、難民の危機と呼ばれる現象が起こった。

難民が大量に国境を越えて他国に移動したのは、このときばかりではない。だが、二〇一四年はアフガニスタンやイラクからの難民の移動に加え、中東・北アフリカから欧州に渡った難民の数がそれまで以上に多い年となった。

欧州ではイスラーム嫌い（イスラモフォビア）と呼ばれる社会現象が起こった。欧州には世界各地から移住した移民や移民の二世、三世がすでに一般市民として居住している。にもかかわらず、なぜムスリムが民族的な偏見や差別の対象となるのか。

この問いに答えるのは実はむずかしい。まず、そうした偏見がいつから起きたのかを辿《たど》ると、フランスでのムスリム女性のスカーフ問題が思い浮かぶであろう。フランスの政教分離の原則に合わないとして起こったスカーフ論争は、一九八九年にさかのぼる。今から三〇年以上前のことである。

フランスでは公共の場でスカーフを着用することが否定され、その後、公立学校で女子学生がスカーフをかぶって登校することを禁じる法律ができた。

さらに歴史をさかのぼれば、ユダヤ教徒とムスリムに対する差別的な思想と運動は、反セム系民族主義と呼ばれ、一九世紀後半に欧州で起こっている。当時の欧州諸国は、中東・北アフリカ地域を植民地として支配していた。反セム系民族主義は、欧州人より人種的に劣る（と彼らが考える）セム系民族（アラブ、ユダヤ人を指す）を支配することを正当化し、欧州諸国の植民地支配を後押しした。

中東・北アフリカ諸国は、その後二〇世紀に入り、続々と独立していった。しかしながら、旧植民地宗主国（かつて植民地支配をした国家）は、独立後も中東・北アフリカ諸国との深いつながりを維持してきた。植民地時代に欧州から支配を受けた地域の政治的・経済的エリート集団は、欧州諸国の支配構造のなかで利益を得ていた。彼らの多くは独立前後に旧植民地宗主国に移住した。こうした歴史があるゆえに、欧州には旧植民地の出身者が多いのである。もちろん、旧植民地にルーツをもちながらすでに市民となっているムスリムが、すべてかつての政治的・経済的エリートの子孫というわけではない。

このように、欧州でのイスラモフォビアの現象一つを取り上げても、その背景には複雑な歴史的経緯がある。欧州におけるムスリムに関する研究は、国内外で多くの研究者による蓄積がある。それゆえ、ここではそれにはあまり触れないことにする。

さてイスラームは、現在のサウディアラビアのメッカで起こり、世界各地に拡大した。しかしながら、武力紛争はムスリムの多い東南アジアや南アジアよりも中東・イスラーム世界のほうに広くみられるイメージをもつ人は多い。こうした中東・イスラーム世界に対するイメージは的を射ているのであろうか。この地域には本当に紛争や戦争は多いのであろうか。

まず中東に関する一般的なイメージがどのようなものであるのか、調べてみよう。そして、中東・イスラーム世界で起こっている紛争や戦争を概観する。

中東・イスラーム世界のイメージ

欧州のみならず、アメリカでも、イスラームといえば、あまりいいイメージが浮かぶ人は少ないといわれている。筆者は一九八四年にアメリカに留学し、中東現代史を専攻した。専門は何かと聞かれ、中東の現代政治だと答えると、「中東はなんだか怖いですね。なぜまた中東なんて研究することになったのですか」とよく聞かれた。また、同じような質問に「イラン女性の人権の問題を研究しています」と答えると、「なるほど、イスラーム教徒の女性は抑圧されていますから、人権侵害ばかりが起こっていますからね」といわれることが多かった。いずれにしても、中東やイランというだけで、一般の人びとの反応はよくなかった。

その後、研究者となり、イランの核開発問題や経済制裁を研究対象とした時期があった。その研究はいまでも続けているが、イランに対するイメージは核問題の発展とともに悪化してきたように思う。二〇一四年にデューク大学にて研究していた時は、イラン研究というだけで眉を顰《ひそ》める人びとに遭うことは珍しくなかった。恐ろしい話ですねとか、テロの話ですねということばの端々から、危険な分野を研究しているという目で見られているような気がした。

では、なぜイスラームというと欧米ではイメージが悪いのか。それはいうまでもなく、欧米の対中東政策のなかで、イスラームやイスラーム世界に関するイメージがつくり上げられてきたことに一因がある。アメリカは、イスラエルと特殊で親密な関係をイスラエル建国以来維持し、外交政策の中心に据えてきた。アメリカが超大国として一定の覇権を有しているかぎり、イスラエルに敵対する勢力や国家はおのずと「悪」の存在としてメディアは報道しがちである。

パレスチナのガザ地区のハマスがテロリストであるように報道されるのは、ハマスがイスラエルを国家として認めないからである。また、イランが二〇〇一年にブッシュ元大統領によって「悪の枢軸」国になったのは、イラン革命以降、イランが反イスラエルのスローガンを振りかざしたまま現在に至っているからにほかならない。いずれもアメリカとイスラエルにとって、ハマスやイランが敵対勢力だと認識されているがゆえに、ともにイメージがよくない状態が続いているのである。

他方、この傾向は、欧米および日本でアルジャジーラというカタールの放送局がニュースを報道するようになって以来、徐々に変化した。ハマスや南レバノンに拠点をもつヒズボラなどは、イスラーム過激派とか戦闘的なイスラーム主義勢力と呼ばれてきたが、アルジャジーラによって彼らの価値観や日常生活や社会的な活動などが広く紹介されてきたからである。とはいうものの、アメリカまたはイスラエルに、あるいは両方に敵対する勢力や国家についての報道は、いまでも概して否定的である。

さらにイスラーム世界のイメージといえば、女性のヘジャブ（アラビア語ではヒジャブ、ペルシャ語ではヘジャブ）が思い浮かぶであろう。そして、女性のヘジャブは女性の抑圧の象徴のように思われる場合が多い。なぜであろうか。筆者は、イスラームの世界観や価値観が欧米や日本の価値観と異なるからではないかと考えている。守られる性としての女性がスカーフやヘジャブを公の場で纏《まと》うことは、肌を露出することが女性解放であると信じられてきた欧米の価値観とは明らかに異なる。

こうした欧米で観察されるムスリムに対する偏見や差別は、イスラームに関する理解が不十分な場合に起こることが多い。イスラームの原理そのものに女性蔑視があるわけではないが、とかくそう思われやすいのは、イスラーム世界が異質な世界であると考えたり、ムスリムは理解しがたい「他者」だと突き放して捉えたりするからである。さらに、中東・イスラーム世界で紛争や戦争が長く続くのは、イスラームそのものに戦闘性があるからだと思ってしまいがちである。しかしそれも少し乱暴な見方ではないか。

中東・イスラーム世界で紛争や戦争がやまないのは、月並みな言い方になるが、その地域や国家に政治的・経済的に関与したり、介入したりすることに利益を見いだす国家や組織が存在するからである。これは中東・イスラーム世界に限ったことではない。では、外部勢力の介入をゆるす条件はほかの地域と比べ、どのような点が違うのか、どのような特徴があるのか。こうした問いを解き明かすため、まずは中東・イスラーム世界の長期にわたる紛争や戦争はどのように展開してきたのか、探ってみよう。

ここでいう戦争は国家間の武力紛争を指す。また紛争は国家以外の主体を含んだ武力紛争を指すことにしておこう。

中東の紛争と戦争を概観する

中東には長期にわたる紛争が四つある。第一にパレスチナ紛争である。ユダヤ人とアラブのパレスチナ人のあいだの対立は、近代では一九世紀の欧州における反セム系民族主義（アラブとユダヤ人というセム系民族を排斥する思想）にルーツがある。反セム系民族のうち、とくにユダヤ人に対する迫害が一九世紀後半に欧州で起こり、ユダヤ人がいまのヨルダン川西岸のパレスチナ地域に大量に流入した。ユダヤ人人口が急増し、すでに長年パレスチナの地に住み続けていたパレスチナ人たちを圧迫し、緊張関係が続いた。さらに一九三〇年代のナチスドイツのホロコーストの時代には、ユダヤ人がパレスチナに押し寄せ、パレスチナ人とユダヤ人のあいだで対立が激化し、一九四六年の第一次パレスチナ戦争へと発展した。

その後、一九四八年にイギリスとアメリカの後押しでイスラエルが建国された。その結果、パレスチナ人は宗教も言語もユダヤ人とは異なり、強い民族的意識をもっているにもかかわらず、自分の国をもたないまま、イスラエル内に住んでいる。その後、四回にわたる中東戦争が起こったが、現在のパレスチナ問題の現代史におけるルーツは、一九六七年の第三次中東戦争である。六日戦争という別名があるように、第三次中東戦争でイスラエルは圧倒的な軍事力を行使して、エジプトのシナイ半島、シリアのゴラン高原、ヨルダン川西岸、ガザ地区を占領した。その後、シナイ半島は一九八〇年にエジプトに返還されたが、ほかの三つの領土は現在もイスラエル軍の占領下にある。パレスチナの地には、現在ヨルダン川西岸とガザ地区の飛び地としてパレスチナ人が居住している

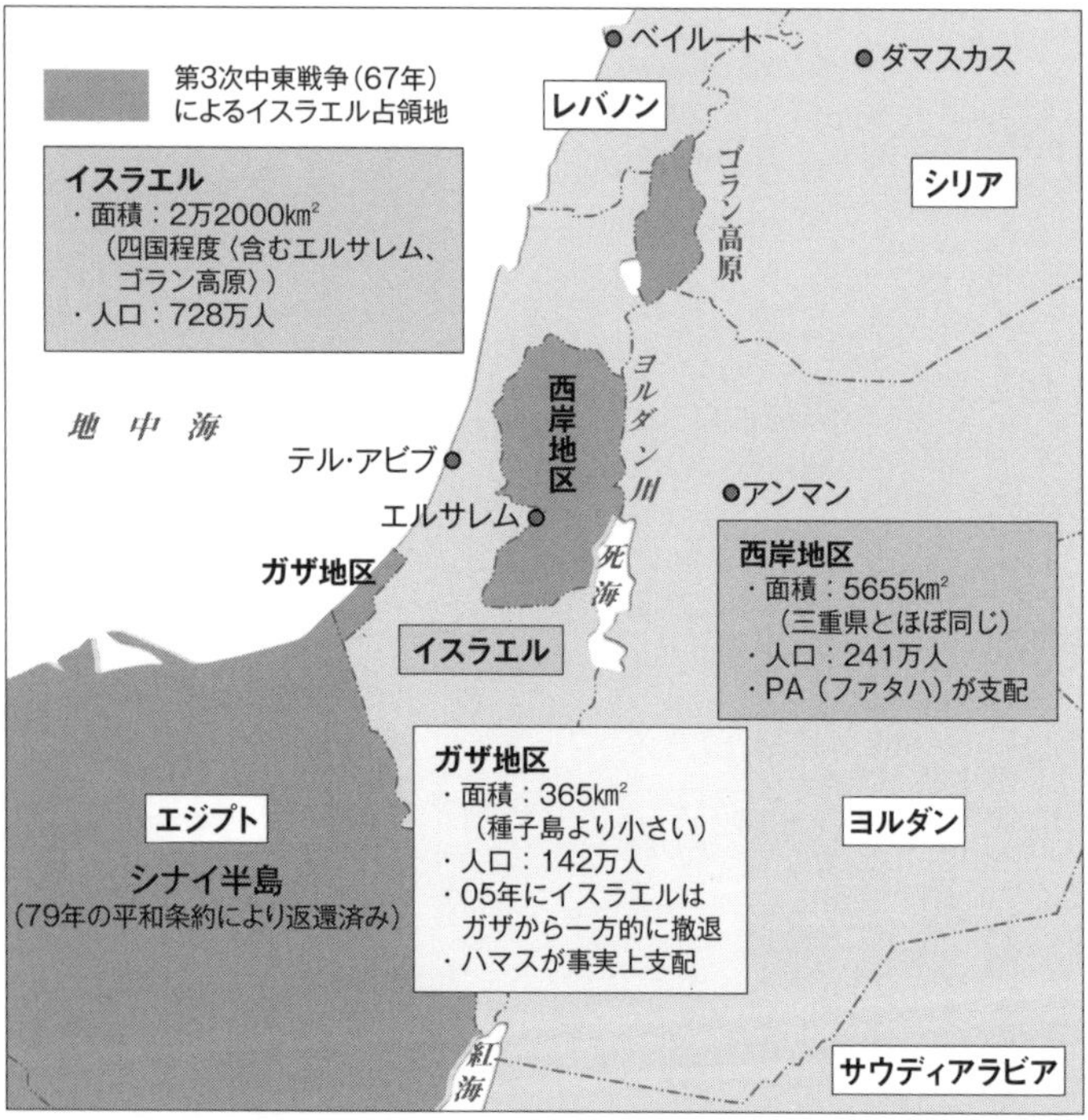

地図1-1　パレスチナの地図

出典：外務省「対立を超えて──イスラエル・パレスチナの信頼関係を構築する」

http://earthresources.sakura.ne.jp/er/Etc_PSE.html

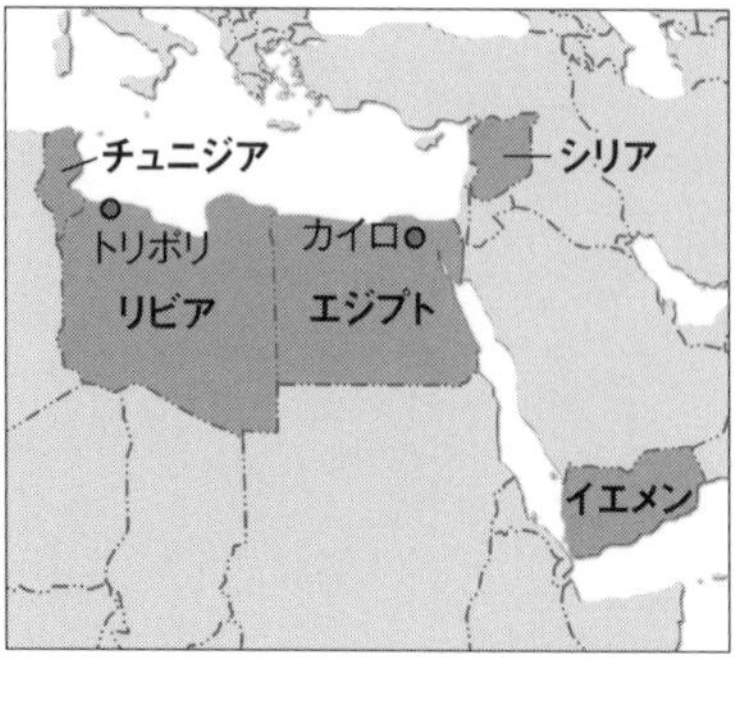

地図1-2　アラブの春の影響で政変・紛争が起こった国家

出典：筆者作成

（地図1－1）。

一九九三年のオスロ合意によって、パレスチナ人が自治を実施する地域を徐々に拡大する計画が浮上し、将来は自治から自らの国家建設が可能になるかもしれないという夢を抱いた。パレスチナ自治政府は一九九四年に設立されたが、あくまでイスラエル国家内の地域として名目上の自治権を有しているに過ぎない。パレスチナ人を取り巻く生活環境は年々悪化しており、イスラエル軍とのあいだで断続的に戦闘が発生し、解決の見通しは立っていない。

第二にシリア紛争がある。中東・北アフリカでは、二〇一一年一月に起こったチュニジアでの体制転換によって、民主化の波がエジプト、リビア、イエメン、シリアなどに飛び火した。これは「アラブの春」と呼ばれるもので、地図1－2はその影響を受けた国々を示している。

民主化要求の波は、政治的・社会的変動をこれらの国々にもたらした。これについては第5章で詳しく述べるが、アラブの春を契機に起こった紛争の一つが、シリア紛争である。シリア紛争は、二〇一一年三月のアサド政権に対する大衆デモによって始まった。デモはアサド軍により鎮圧されたが、その後は外国勢力の介入により、二〇一二年頃から内戦になった。紛争はいまだに継続している。すでにシリア難民は約六〇〇〇万人に達し、シリアの近隣諸国から欧州まで難民が急増した。既述のように二〇一四年の欧州での難民危機は、シリア難民の欧州への流入も影響した。

第三にイエメン紛争がある。イエメンは、一九世紀にイギリスが南部を植民地化して以来、南北に分断されていたが、一九九〇年に南北が統一された。その後、南北間の対立がやまず、一九九四年に南イエメンが独立を試み、南北イエメンが戦った結果、北イエメンが一時的に勝利し、停戦となった。サレハ大統領は北イエメンを拠点に強権政治を行っていたが、二〇一一年にアラブの春がチュニジア、エジプトで相次いで起こると、その波は中東各地に飛び火した。そうしたなか、サレハ政権が反政府デモで打倒され、サレハ元大統領はサウディアラビアに亡命した。

この騒乱を起こしたのは、フーシ派と呼ばれる少数派のシーア派といわれている。イエメンにおけるサレハ独裁政権への民衆の反発を引き起こした元凶がここにあると報道されている。とくにイエメンと国境を接し、イランと対立関係にあるサウディアラビアは、フーシ派が（シーア派の大国である）イランから軍事支援を受けていると主張してきた。サウディアラビアは二〇一五年から軍事介入を開始し、時折停戦が提案されているが、内戦の終結には時間がかかる。

第四にアフガニスタンでの紛争がある。二〇〇一年の九・一一事件後、アメリカ・イギリス主導の多国籍軍によって開始された対ターリバーン戦争は、同年一一月には早くも戦争終結が宣言された。その後、カルザイ大統領の下でアフガニスタン・イスラーム共和国が樹立され、世界各国が約二〇年間アフガニスタンに対する復興支援に関与した。

にもかかわらず、ターリバーン勢力は徐々に支配地域を拡大し、二〇二一年八月の米軍撤退と同時に、事実上政権を奪取することに成功した。今日、ターリバーン政権に対して正式に国家承認をした国家はない。アルカーイダをはじめとするほかのテロ組織とターリバーンの対立、ターリバーン内部の闘いなどが継続しており、アフガニスタンの情勢は不安定な状態が続いている。

紛争や戦争が続くと、国土が破壊される。空爆や地上軍による攻撃により、国土は瓦礫《がれき》の山と化す。現在進行中のロシア軍によるウクライナへの軍事侵攻は、世界で昼夜報道された。学校や病院などが次々と破壊されるシーンは、人びとの心を打つ。しかし、世界で起こっている紛争や戦争は簡単にやむことはない。

戦火に追われて故郷を去っていく人びとは身の安全を脅かされ、難民や国内避難民が何百万人という規模で生まれてしまう。身の安全が脅かされることは言うまでもないが、水と食料の供給が即座に問題になる。紛争や戦争は、人びとの生命を危険に晒《さら》し、日々の糧《かて》を得る手段をすべて奪い、生活の基盤を徹底的に破壊する。紛争や戦争は、中東・イスラーム世界に限ったことではない。

実は、すべての大陸のなかで最も紛争や戦争が頻発する地域はアフリカである。他方、中東の紛争や戦争はなぜ起こるのか、なぜ続くのか、ということが説明されるとき、とかく宗教にその答えを求める傾向がある。実際、シリア内戦やイエメン内戦の原因は、イスラームという宗教や、ムスリム内の宗派対立にあるといわれてきた。こうした説明はわかりやすいがゆえに、人びとを納得させてしまう力がある。そして、中東・イスラーム世界はイスラームという宗教ゆえに危険な地域であるというイメージを創りだすもととなる。

では、中東の紛争はなぜ長期化したのであろうか。まず、紛争はなぜ起こるのかという点について従来の捉え方を紹介する。そのうえで、パレスチナ紛争、アフガニスタンでの紛争、そしてシリア紛争が長期にわたって続いてきたのはなぜかを考えてみよう。

2 紛争の火種と長期化

紛争の火種——人間の「貪欲さと不満」か、アイデンティティか

紛争や戦争が続く国家に特有なのは、貧富の格差だけではない。エドワード・アーザールは、一九八〇年代に早々と紛争の原因に関する理論を打ち立てている。アーザールは、貧困は必ずしも紛争の原因ではなく、人間のもっている本性に関わる問題が紛争を引き起こすと主張した。紛争の火種は「貪欲さと不満」(Greed and Grievance)にあるという説である。アーザールによれば、貪欲さは、政治的・経済的・社会的なあらゆる資源の争奪戦として表出する。農業の生産性の高い肥沃な土地、水資源、石油・天然ガスや希少性の高い鉱産資源などの天然資源、資源の搬出や輸送に必要な港などは資源の代表的な例である。

アーザールの説に照らすと、一九世紀のロシアの南下政策に端を発した戦争も、資源をめぐって引き起こされたと考えられる。南下政策の結果起きたクリミア戦争の目的が、不凍港の確保であったことはよく知られている。不凍港も重要な資源である。現在進行中のウクライナへの軍事侵攻は、黒海という海へのアクセスを狙ったものである(これについては後述)。

紛争の火種については、その後フランシス・スチュアートが「水平的不平等」という新たな理論を打ち出した。スチュアートによれば、二つの不平等がある。一つは「垂直的不平等」で、個人間や集団間の所得格差である。それとは別に、共通のアイデンティティ(帰属意識)をもつ集団間に

不平等が存在するという。これが「水平的不平等」である。一つの集団が政治的・経済的・社会的・文化的に、これら四つの次元すべてにおいて不平等を感じたとき、暴力による紛争（武力紛争）が起こるという説である。

つまり、単に政治的に政策決定過程に関わることから排除されているとか、雇用へのアクセスがほかのアイデンティティ集団と比べて差別されているなど、一つの次元での不平等だけでは紛争は起こらない。雇用へのアクセスは経済的かつ社会的なものである。政策決定過程からはずされることは政治的な不平等である。他方、ヘイトスピーチの対象となり、ほかの集団よりも阻害されているといった社会的な不平等や、特定の文化集団などが差別の標的になるといった文化的な不平等が同時に起こると問題が生じるという。つまり、四つの次元すべてで不平等感が揃《そろ》ったときにこそ、一つのアイデンティティ集団は暴力に訴えようとするという説明である。

「水平的不平等」の理論は、とくにアフリカの紛争がなぜ起こるのかという説明によく援用されてきた。この考え方の根本にあるのは、人びとの集団を結び付けているのは、アイデンティティであるという点である。メアリー・カルドーもアイデンティティの政治、あるいは政治化が冷戦後の国際紛争の根底にあると説明した。カルドーの紛争論は、とくに冷戦後のボスニア紛争がなぜ引き起こされたかの説明としてわかりやすい。カルドーはボスニア人のムスリムとしてのアイデンティティが、セルビア人やクロアチア人の宗教的アイデンティティ、すなわちギリシャ正教徒なのかカトリック教徒なのかというアイデンティティとは一線を画していたと指摘した。ボスニア人もセルビア人もクロアチア人もセルボ・クロアート語という言語を話す点では共通していたが、イスラームとの宗教上の違いは、社会的かつ文化的な違いとして大きかったという。ボスニア人のムスリムとしてのアイデンティティが強かったことが対立の根底にあったとカルドーは主張していた。

　カルドーやスチュアートが依拠するアイデンティティは、たしかに冷戦後の紛争を説明するには有効である。国家内での紛争や内戦がイデオロギー上の対立から来るのではなく、人びとの文化的な価値感や規範などの差異が、政治的・経済的・社会的な差別のもとになり、不平等感が助長されやすいことが明らかにされたのである。

中東・イスラーム世界のアイデンティティ論

　では中東・イスラーム世界の紛争や戦争を説明するには、アイデンティティ論は果たして有効であろうか。シリアやイエメンやアフガニスタンでの紛争や戦争を説明するには、宗教や言語や民族の違いに由来するアイデンティティの対立だけで十分であろうか。

　中東・イスラーム世界では、一九六七年の第三次中東戦争でのアラブの敗北後、イスラーム復興主義（あるいはイスラーム原理主義）が勃興したといわれてきた。一九七九年のイラン・イスラーム革命は、たしかにイスラーム復興主義の流れを汲《く》んでいた。そのためか、イラン革命もイスラーム復興主義の潮流から起こったと一九八〇年代から九〇年代にかけて説明されていた。

　たしかに、イスラーム復興主義者たちの運動は、中東および東南アジアで第三次中東戦争後に拡大した。一九七〇年代から九〇年代にかけて、とくにイスラーム世界ではイスラーム復興主義運動が政治や社会制度を問い直し、政治改革や社会改革の原動力となっていた。その代表的なグループは、ムスリム同胞団であった。

また、イスラーム復興主義運動は、アラブの春以後のエジプトでのムルスィー政権の樹立により、社会運動として評価された。ところが、ムルシー政権の崩壊と同時に挫折感に変わった。エジプトのみならず、トルコの与党「公正発展党」の政権担当者のあいだでも失望感が大きかったのである。こうした評価や挫折感や失望感の背後にあるのは何であろうか。

中東の場合、かつては、紛争や戦争、治安の悪化などの根本原因の一つに、宗派アイデンティティがあるという議論があった。イスラームの二大宗派であるスンニー派とシーア派という宗派の違いが宗派上のアイデンティティを形成し、それが社会的な亀裂や分断を促進し、中東国家を不安定にしているというものであった。

たとえば、サウディアラビアのイエメン介入は、イエメンのスンニー派に対する支援であり、これに対抗してイランがシーア派の一派であるフーシ派を支援しているという報道が多い。ここでは、スンニー派対シーア派の宗派対立ゆえに紛争が継続するという点がことさらに強調される。また、トルコやイランの国内政治を見るとき、とかくイスラーム復興主義に傾倒した人びととイスラームよりは欧米的な自由を求める、世俗主義の人びとという分類で、政治・社会変動を見る傾向もある。

つまり、中東・イスラーム世界の人びとのアイデンティティが注目されるとき、イスラームへの傾倒の程度によって、人びとを分けがちである。いいかえれば、政治や社会変動が中東で起これば、あるいは紛争や戦争が起こると、その背後にイスラームがどのような形でどのような「濃さ」で存在しているのか、という目で見てしまいがちなのではないか。

しかしながら、酒井啓子の研究グループが明らかにしているように、中東の民主化がほかの地域ほど進展しない理由や中東政治の不安定性は、宗派主義のみでは説明できない。宗派にもとづくアイデンティティは、それ自体が分断を起こす源ではなく、その時々の状況によって、政治的にあるいは経済的利益のために利用されやすい面があるのではないか。そこに生きる人びとにとって肝心なことは、どの勢力につけば政治的、経済的な権力をいかに肥大化できるのか、より快適な、より便利な、より安全な、より豊かな生活は誰が提供してくれるのか、といった現実的・現世的な利益ではないか。

少し話がそれるが、日産の元会長であったカルロス・ゴーンは、収賄の罪を問われたが、身内や親族のための利益を優先するのはレバノンの文化ではないかという論説を当時読んだことがある。アラブの人びとがみな現世的な利益を追求する人びとであるとはもちろんいえない。だが、イスラーム復興主義のようなイデオロギーや、スンニー派やシーア派といった宗派のみで人びとが動くわけではない。紛争や戦争が起こるときには、その背景には宗教や宗派以外のほかの側面があることは、上述の紛争の概略のところである程度は明らかになった。

では、中東・イスラーム世界の紛争は、なぜ長く続くのであろうか。それは人びとのアイデンティティが大きく作用しているからなのであろうか。

パレスチナ紛争はなぜ長く続くのか

パレスチナが、基本的にはイスラエル軍の占領下にあることはすでに述べた。また、パレスチナ自治政府が樹立され

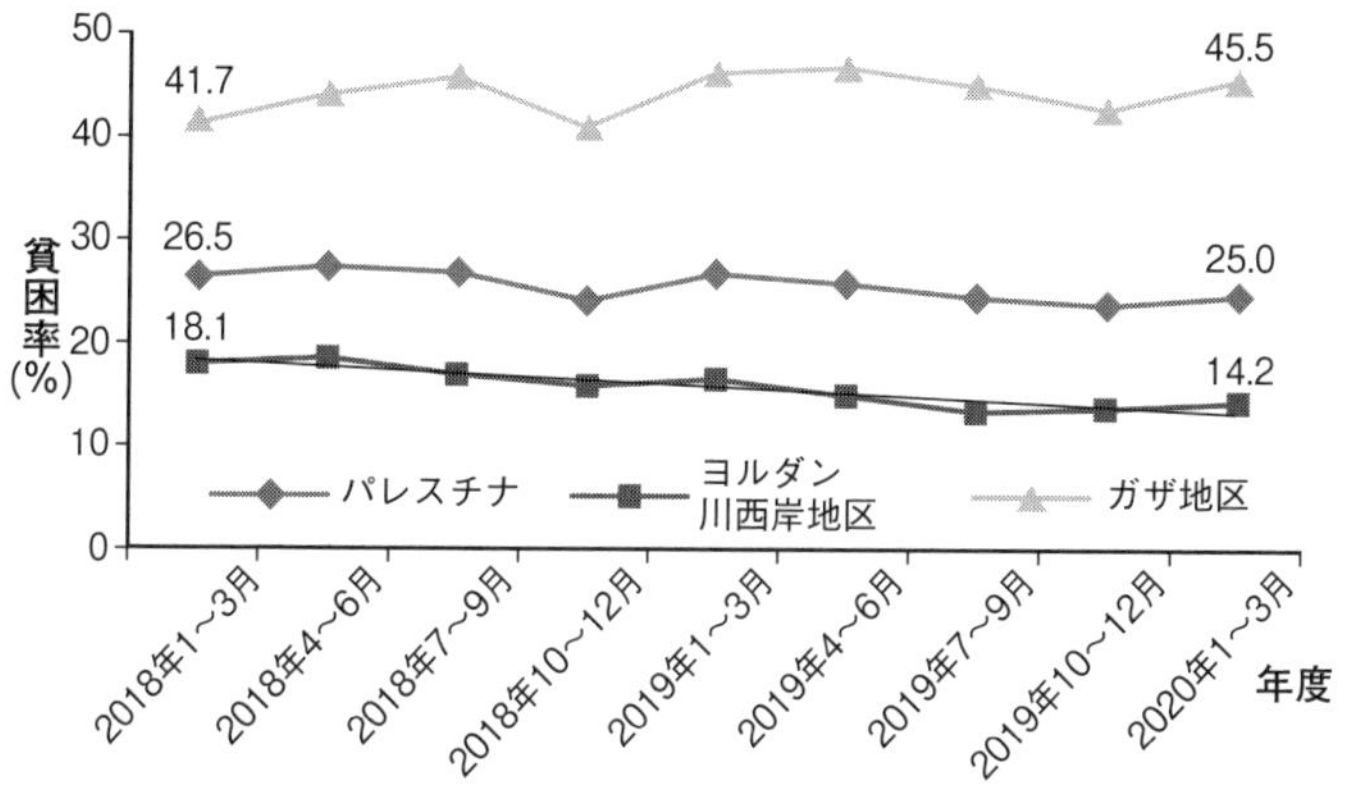

図1-1　パレスチナ自治区の失業率の推移

注：各期間の貧困率は平均値で算出。

出典：[https://www.pcbs.gov.ps/site/512/default.aspx?lang=en&ItemID=3748] をもとに筆者が和訳。

ても、パレスチナの自決権は限定的であり、いまだに紛争は断続的に続いていることも示したとおりである。では、実際にパレスチナの人びとは占領下でどのような暮らしをしているのであろうか。

イスラエル国内にあるパレスチナの二つの地域のうち、ガザ地区とヨルダン川西岸地区では、実は状況が異なる。つまり、パレスチナ人が自分の日常生活にどこまで裁量権を有するかに違いがある。ガザ地区からはイスラエル軍が二〇〇五年に撤退している。他方、撤退後は、ガザ地区に住むパレスチナ人のイスラエル側への行き来が極度に制限され、かつては出稼ぎで生活の糧を得ていた人たちが仕事に就けず、失業率と貧困率が上昇した。とくにガザ地区では貧困層が多く、生活に不安を抱えている人びとが年々増えているのである。

ガザ地区では、二〇〇六年にパレスチナ評議会選挙が公正な選挙として実施され、ハマス政権が誕生した。しかしながら、ハマスがイスラエルを国家として承認しない立場を堅持しており、イスラエル軍とハマス間のいわゆる低烈度（大規模な武力衝突には至らないが、時折小さな武力衝突が起こる）紛争は、今日まで頻発している。

二〇〇六年八月の一ヵ月間の戦闘ではハマスが勝利をおさめたが、イスラエル軍のミサイル攻撃によって、ガザ地区がひどく破壊された。当時ハマスが戦闘に使用した武器がイラン製であったことはよく知られている。それは、イランがパレスチナ問題にある程度介入していることを示す事実でもある。

では、ヨルダン川西岸地区は、どのような状況であろうか。ヨルダン川西岸地区とイスラエル側とを隔てる壁が、二〇〇五年頃からイスラエル軍によって建設されはじめた。イスラエル政府は、パレスチナからのテロリストの流入を喰いとめるための安全保障上の「防衛壁」だと呼んでいる。一方、国連人道支援機関をはじめ、パレスチナおよびイスラエルのNGOは、「分離壁」と呼んでいる。またパレスチナ人たちは、この壁を南アフリカのアパルトヘイトに比喩して「アパルトヘイト壁」と命名している。

この壁の建設はいまだに継続しており、イスラエル側と西岸側とを行き来するには、イスラエル軍が管理する検問所を通過しなければならない。この検問所を通過するには、イスラエル政府から事前に得た許可証が必要である。この許可証がなかなか得られず、イスラエル側にある病院に行けないパレスチナ人が命を落とす事態が起こっている。

とくにエルサレム周辺では、分離壁が休戦ラインを大きく西岸側に大きく割り込んで建設されている。これは、事実上、西岸の土地の多くがイスラエル側に割譲されていることになる。また、エ

写真1-1　エルサレムを分断する分離壁
出典：筆者撮影（2005年11月25日）

ルサレム周辺の分離壁はほかの西岸地域の壁よりも高く、九メートルにも達している。それはエルサレムが特別な場所であるからである。

エルサレムは、ユダヤ教、キリスト教、イスラームの三つの聖地が重なり合った場所である。その聖地をめぐり、イスラエルがエルサレムを完全に独占しようとしてきたことも、パレスチナ問題を深遠な問題にしている。この政策は、分離壁の建設のルートに如実に表れている。分離壁はヨルダン川西岸全体を取り囲むように建設されているが、エルサレム周辺では、西岸側の土地が壁の建設によってイスラエル側により多く組み込まれている。この壁の建設は、パレスチナ人居住地域におけるイスラエル入植地の建設と同時に進んだ。エルサレム周辺の分離壁は前述のようにほかの地域の

写真1-2　ヨルダン川西岸の町アイザリヤ側から見た分離壁
出典：筆者撮影（2005年11月25日）

壁よりも一際高くなっており、壁の向こう側で生活しているパレスチナ人にはどのようにしても超えられないものとして立ちはだかっている。壁の建設が進むと、パレスチナ人がそれ以前まで耕していた自分の畑が壁の向こう側になり、農業が営めない事態となる。

　このようにパレスチナ問題が長年続くのには複合的な要因がある。一つは、第三次中東戦争以来、軍の占領下にあるという現実である。その実態は自治政府が樹立された一九九五年以降も基本的には変わっていない。パレスチナ人の自治権は、立法権のない評議会のもとで自治政府が行使できることになっているが、実際には土地の所有権や管理権は制限されている。そうした状況下、パレスチナ人の日ごろの不満が爆発してイスラエル軍との衝突が起こる。パレスチナ人のなかには、自分たちはイスラエル軍の占領には断固として抵抗するのが正しいと考えている人とそうでない人がいる。いずれの立場を採っていようが、日ごろの不満が沸点に達したときには、抵抗運動を起こす。それに対して圧倒的な戦闘力をもってイスラエル軍がパレスチナ人の抵抗運動を鎮圧する。パレスチナ人の抵抗運動は、イスラエルの立場からは「テロ」だと見做される。テロリストとして逮捕されるパレスチナ人は一時的に増える。また一時的に抵抗運動が鎮圧されても、突然何かの引き金があれば、衝突は再発する。そして負の連鎖は続く。

もう一つ、パレスチナ問題が解決せず長期化する背景に、アラブ諸国のパレスチナ離れがある。一九七三年の第四次中東戦争まではアラブ・イスラエル戦争という名前がついていたように、パレスチナ問題には、アラブであるパレスチナ人対ユダヤ人のイスラエル国家という構図があった。その後、一九八〇年に第三次中東戦争でイスラエルが占領し獲得したゴラン高原がエジプトに返還され、エジプトがイスラエルとの和平を結んだ。アラブ諸国として一致してパレスチナの側に立つという「アラブの大義」がエジプトによって崩されたと、パレスチナ人もほかのアラブ諸国の人びとも感じた。

だが「アラブの大義」は、一九九一年の湾岸戦争を契機にさらに小さなものになっていった。イラクのクウェイト侵攻後、パレスチナ解放機構（ＰＬＯ）のアラファト議長がイラクへの支持を表明した。それによって、クウェイトの背後で反イラク路線をとったサウディアラビアをはじめとする湾岸諸国は、パレスチナ人の出稼ぎ労働者を追放する事態になった。パレスチナ問題をめぐるアラブ諸国の一体性はこれを契機に崩れていった。

その後のほぼ三〇年間のアラブ諸国内の動きをみると、パレスチナ問題の重要性がアラブ諸国にとって徐々に薄れていくことがわかる。二〇〇一年の九・一一事件後はアフガニスタン戦争とイラク戦争が起こり、二〇一一年のアラブの春以後はシリア内戦、イエメン内戦が中東地域にとっての重要な戦争となった。こうしたなか、パレスチナ問題は影が薄くなっていった。

イラクでのその後の戦闘やシリア内戦では、サウディアラビアとイランの対立が先鋭化した。イランは、イラン革命後、反アメリカ、反シオニズムを政治的スローガンにしてきた。イラン政府は、シオニズムのもとで抑圧されているパレスチナ人を、イラン革命の革命精神で擁護すべき人びととして位置付けてきた。それが、この十数年間で変化した。かつてはハマスを支援していたイランにとって、喫緊の安全保障問題は、二〇〇三年以降現在に至るまでイラクでの影響力をイランが保持できるか、あるいは拡大できるかという問題になった。その結果、イランにとってパレスチナ問題は相対的に重要でなくなり、ハマスとの関係はこの一〇年間緊密なものではなくなった。また、シリアとイエメンでの内戦がともに継続したことで、国際的にも中東域内のアラブ諸国にとっても、パレスチナ問題への政治的な関心が薄れた。

これに追い打ちをかけたのは、二〇二〇年九月のアブラハム合意である。これは、トランプ大統領が仲介しワシントンにて、イスラエル、ＵＡＥ、バハレーンの三ヵ国が共同で出した和平合意の声明である。既述のように、アラブ諸国のなかでイスラエルと平和条約を結んだのは、エジプトのみであり、一九八〇年のことであった。それ以来、イスラエルと和平合意をしたアラブ諸国はなく、その意味では大きな動きであった。

サウディアラビアがこれに続くのかどうか当時は注目されたが、サウディアラビアは慎重な対応を採った。日本国際問題研究所の井堂有子の分析によれば、同国は「パレスチナ国家の樹立を支持する」という声明を出しつつ、イスラエルとUAE間の直行便の運航も、バハレーンの合意への参加に対しても認める立場をとった。この意味でサウディアラビアは、直接アブラハム合意に同意はしないものの、UAEとバハレーンの合意には反対もしなかったのである。

この合意の背景には、UAEとバハレーンがイスラエルから最新かつ高度な技術を獲得するねらいがあった。また、イスラエルにとっては、この合意により中東域内での経済活動を活発にすることが目的だったといわれている。後述するように、中国が湾岸諸国との関係強化を加速化してきたことも背景にある。つまり、湾岸諸国の背後には中国が存在しており、イスラエルは、湾岸諸国と関係を強めれば、中国の影響力のあるアジア市場への足掛かりができるからである。

パレスチナ問題との関連でこの合意をみると、UAEは「ヨルダン川西岸地区を併合しようとするイスラエルの計画を一時的に凍結することになった」と言及し、それが合意の成果だと主張している。だが実際には、イスラエルのヨルダン川西岸地域での入植地はそのままの状態であり、イスラエル人（ほぼすべてユダヤ人）が住み続けている。入植地が拡大すればするほど、事実上の併合への道程は進む。合意後、入植地拡大が止まったことは確認できていない。

このように、アブラハム合意の成立は、湾岸諸国の外交政策が経済優先となっていることを示している。そのためにかつての「アラブの大義」は実態がなくなりつつある。サウディアラビアが尊重すると言及したパレスチナ人の国家の樹立への道のりは遠のいた感がある。同時に、パレスチナ人とイスラエル軍との衝突は今後も断続的に起こることが予想される。パレスチナ問題が解決していく見込みは当分見込めないように思われる。

パレスチナでの紛争は長い歴史的背景があるが、アフガニスタンでの紛争はどうであろうか。

アフガニスタンでの紛争はなぜ止まないのか

アフガニスタンでの紛争は、どの時期の戦乱を指すのかによって、紛争の性格が異なる。アフガニスタンでは、一九七九年のソ連軍の侵攻後、ソ連軍と戦うためにムジャーヒディーンという聖戦士団が組織された。アメリカとパキスタンがこの戦士団を訓練し、軍事的支援を続けたといわれている。このムジャーヒディーンの一派から、のちのターリバーンが誕生したという説もある。ここでは、ソ連対アメリカ・パキスタンという代理戦争の図式が浮かび上がる。冷戦期のアメリカとソ連の対立が、アフガニスタンの地で展開したのである。

一九八九年にソ連軍が撤退したあと、アフガニスタンでは、ターリバーンと北部同盟という二つの勢力が二〇〇一年の九・一一事件まで戦っていた。ターリバーンの側にはアメリカとパキスタン、北部同盟の側にはロシアとイランがついていた。ここでも代理戦争としての側面が強い。

ターリバーン勢力は、パシュトゥーン民族を中心とした軍閥であり、タジク民族のマスウード将軍が指揮する北部同盟と対立した。パシュトゥーン民族は、インド、パキスタン、アフガニスタンが大英帝国の植民地であった時代から現在に至るまで、アフガニスタンとパキスタンの国境沿いにまたがって居住している。その地域で暮らす人びとにとっては、両国の国境線はあってないようなものである。同じことは、中央アジアのウズベキスタンとタジキスタンの国境でも観察できた。筆者は一九九七年、陸路でウズベキスタンからタジキスタンへ国境を越えて移動した。そのときのことである。国境線の一部は簡易な柵で仕切られていて、小さな子どもたちが、自転車で国境のこちら側と向こう側とを行ったり来たりしていた。

パキスタンのパシュトゥーン民族の人びとにとっては、ターリバーンの大多数が同じ民族であり、同じパシュトゥーン語で話す。パキスタンの国語はウルドゥー語だが、地域によっては互いに地方語で話すため、ターリバーンは、パキスタンの国境線周辺の人びとのあいだでは親和性が高い。

同じアフガニスタンの人びとでも、ペルシャ語に近いタジク語を話すタジク民族の人びとの側にイランが味方したと考えると、宗教よりも言語の共通性が大きいことがわかる。ただし、ターリバーン勢力と北部同盟のあいだで一〇年以上続いた対立と戦闘は、大国の介入によるところが大きい。ターリバーンを支援していたのは、パキスタン、サウディアラビア、UAEなどであり、一時はアメリカも支援していた。他方、北部同盟はイランとロシアが支援してきた。

九・一一事件後は、二〇〇二年のボン・アフガニスタン復興会議後、各国によるアフガニスタン復興支援が始まった。その支援額は何百億円ともいわれている。それだけの資金と資源が投じられながら、アフガニスタンでは国際社会が援助した政府が継続できなかった。ターリバーンが二〇二二年八月に政治権力を奪回したのである。では、なぜターリバーンは完全に復活したのであろうか。

国連アフガニスタン支援ミッション（UNAMA）代表を務めていた山本忠通によれば、大きな要因がいくつかあるという。第一に、欧米の後押しで樹立されたカルザイ政権とガニ政権のもとで、徐々に勢力を拡大していたターリバーン勢力との和平交渉が失敗したからである。ターリバーンは米軍の撤退を要求し続け、アメリカも撤退を決め、二〇二〇年一月二九日にはカタールのドーハで、アメリカのハリルザード・アフガニスタン和平担当特別代表とターリバーンのバラーダル師とが和平合意を締結した。しかしながら、こうした動きは、アフガニスタン人同士の話し合いや和解につながらなかった。アフガニスタン人の民族や部族間の対立を根本的に解決するしくみがつくられなかったのである。

第二に、アフガニスタンにおける貧困問題を国際的な復興支援活動によって改善することができなかった点がある。ボン会議後も人口の半数以上の一八〇〇万人が貧困ライン（現金収入が一日約二ドル以下）で生活してきた。他方、政府関係者の汚職は、ボン会議後から二〇年近く続いてきた。

第三に、米軍のアフガニスタン撤収の前提条件、すなわち国軍による治安の回復が実現しなかったことが挙げられる。撤収には、和平交渉の進展とアフガニスタン国軍がターリバーンを軍事的に抑えることが可能であるという前提があった。そのいずれもが実現されなかった。アメリカはターリバーンと合意した撤退期限どおり、二〇二一年八月三一日に撤退した。しかし、ターリバーン勢力が首都カブールを制圧したのはその二週間前であった。アフガニスタン軍はターリバーンとは戦わず、あっけなくターリバーンはアフガニスタンのほぼ全土を制圧した。そこには、ターリバーンとそれ以外のアフガニスタン人とのあいだの和解や和平などほとんど不在であった。

現在、ターリバーン政権を暗黙の了解事項として認めているのはパキスタンくらいである。欧米も日本もターリバーンを正式な政府として認めず、アフガニスタンの海外に存在する資産は制裁で凍結されている。経済的に危機的な状況にあるアフガニスタンが今後どのようにしてターリバーンのもとで復興していくのか、見通しは明るくない。

シリア内戦はなぜ続いてきたか

では、シリア紛争の場合はどうであろうか。シリア紛争は二〇一二年以降内戦化した。そのため、今日ではシリア紛争というよりはシリア内戦と呼ぶことが多い。いずれにせよ、シリアでの戦闘はアラブの春以後に起こったものであるが、同様にアラブの春以後に激化したイエメン内戦と共通点がある。それは外部勢力が介入している点である。地図1－3のように、シリアおよびイエメンの諸勢力に対し、中東域内の国家が介入を続けている。

実は、シリアほど国内外の諸勢力が入り組んだ紛争を展開している国は少ないであろう。シリアでは当初、アサド政権に対する民衆の大規模なデモによって治安が急速に悪化した。その後、アサド軍と反体制派が軍事衝突するに至ったが、反体制派勢力の構成は刻々と変化した。紛争が徐々に拡大した二〇一一年後半から二〇一二年にかけては、反体制派勢力の中心はシリア自由軍であり、その後アルヌスラ戦線などがシリア自由軍とは別に戦闘に参加するようになった。欧州諸国は、一時シリア自由軍やアルヌスラ戦線などを支援していたが、二〇一四年にイスラーム国が急激にシリアでの支配地域を拡大するにつれ、欧州諸国がアルヌスラ戦線に供与していた武器がイスラーム国の手に渡っていたことが判明した。

図1－4は、二〇一四年七月三〇日時点でのシリア内での勢力図である。イスラーム国の勢力拡

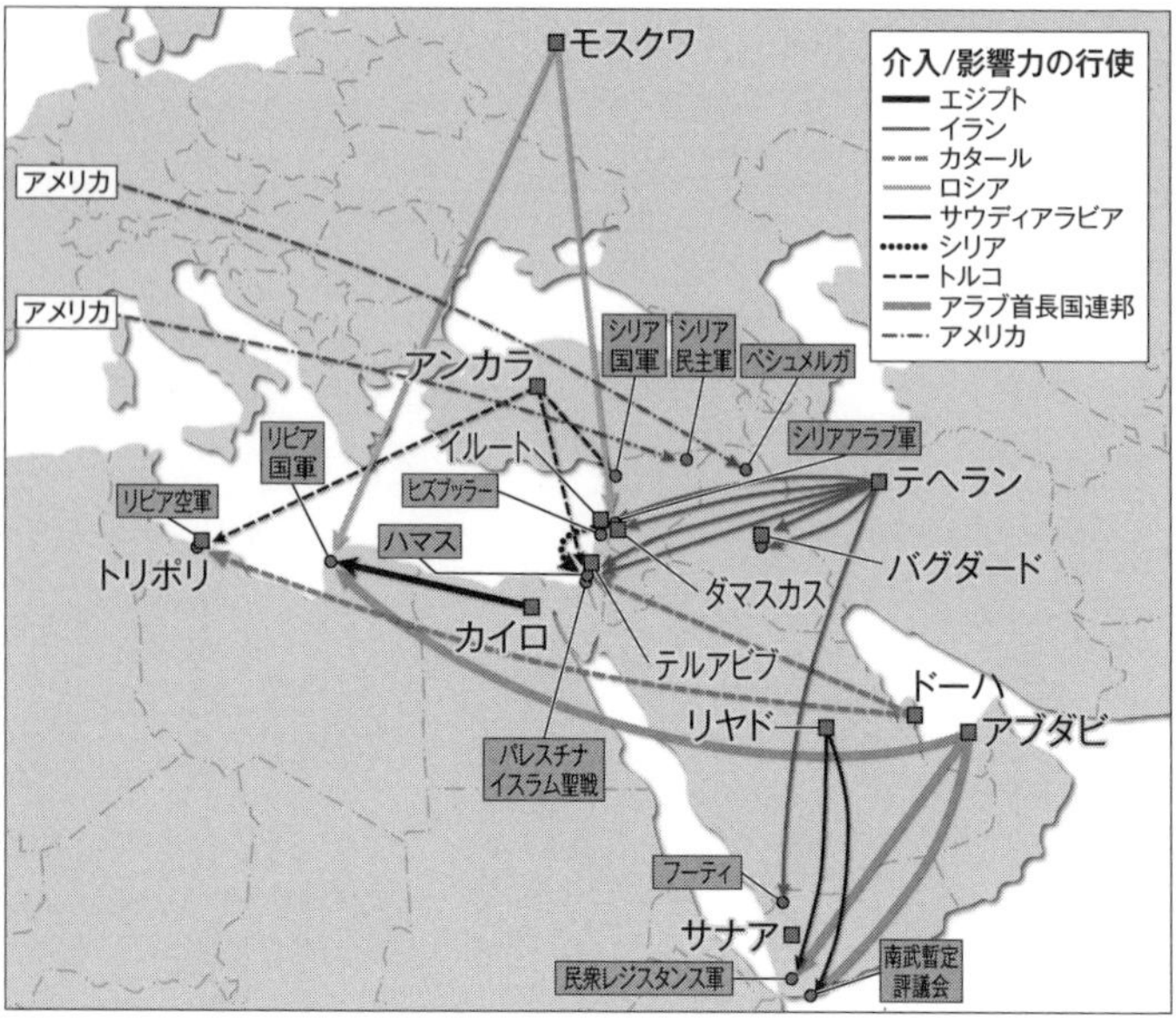

地図1-3　中東における紛争への各国の支援と介入

出典：筆者作成。

大により、アメリカが中心となって国際的な「テロとの戦い」の呼びかけが実施された。七月一九日には、国連安全保障理事会で討論され、二二日にはサウディアラビア、UAE、ヨルダンなどが参加する有志連合によるシリア空爆が始まった。空爆の標的はイスラーム国の支配地域であるが、この頃からシリアでは誰と誰が戦っているのか、わかりにくくなった。

　当初、欧米諸国はシリアのアサド政権に対して批判的であり、反体制勢力への武器支援に荷担した。それがイスラーム国の台頭により、欧米諸国の矛先はイスラーム国に一気に集中しはじめたのである。イスラーム国と戦っているのは、アサド軍でもあり、アメリカの有志連合でもあるという図式に変

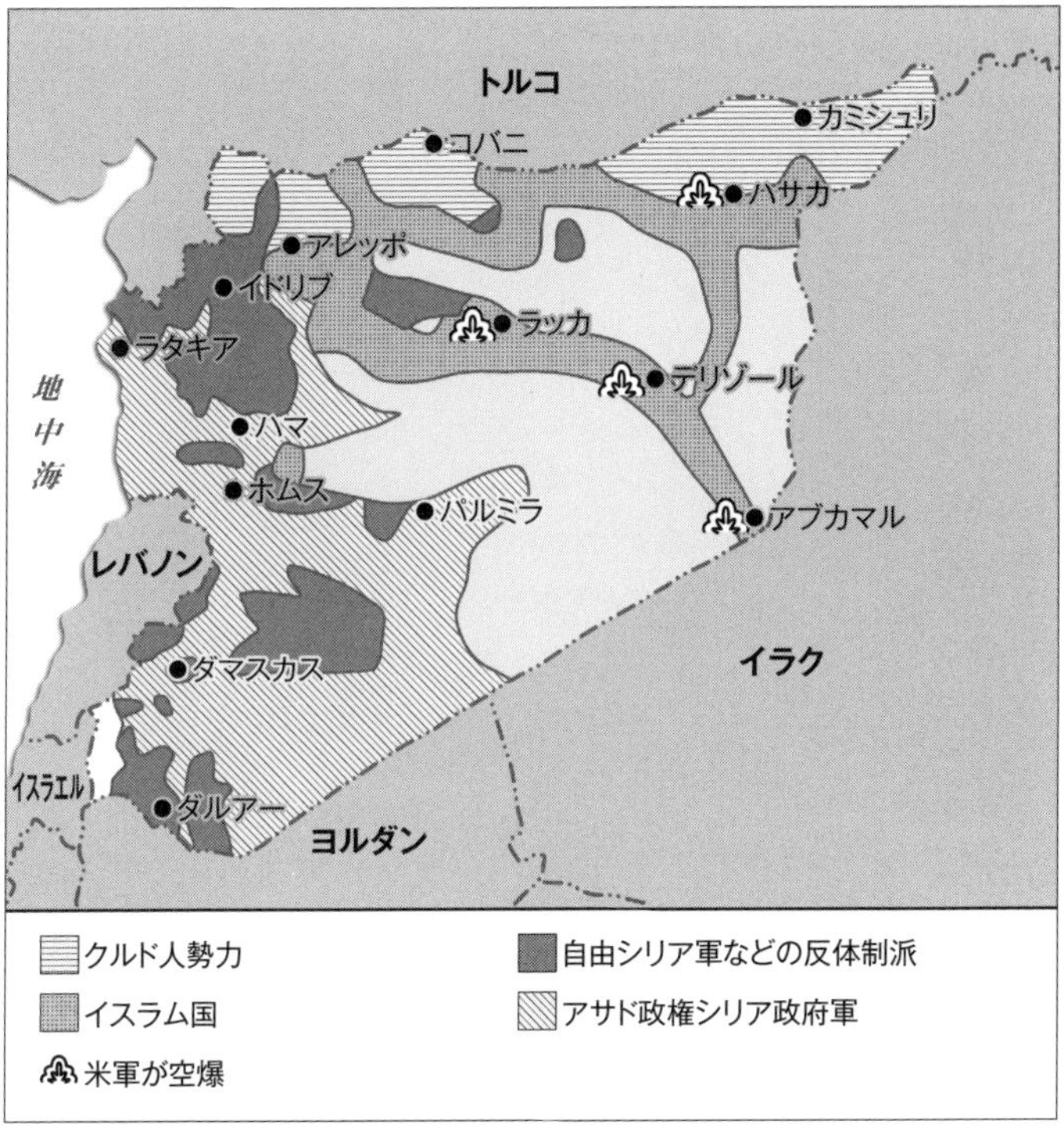

地図 1 - 4　2014年時点のシリア

注：8 月中旬時点、ドイツ誌『シュピーゲル』をもとに作成。

出典：[https://geographicalimaginations.com/tag/institute-for-united-conflict-analysis/] をもとに筆者作成。

わった。とはいうものの、「敵の敵は味方」ということにはならず、アメリカの有志連合がアサド軍を支援することにはならなかった。

というのは、アサド軍の側についたのは、ロシアとイランであったからである。アメリカとイランは、イラン革命後から今日まで対立している。またアメリカとロシアは、二〇一三年九月のアサド政権の化学兵器保有と使用をめぐる問題で、ロシアのイニシアティブでアサド政権が化学兵器を国際監視のもとに引き渡して廃棄することで一致をみた。しかしながら、その後の調査でロシアがシリアに化学兵器の開発をさせ、アサド政権が使用したことを隠避した疑惑が二〇一七年に浮上し、アメリカとロシアは対立してきた。

二〇一四年六月から九月にかけてのイスラーム国の勢力拡大に対し、アメリカは地図1－4のように四ヵ所で空爆を実施し、イスラーム国の拡大を阻もうとした。その結果、シリア北東部での勢力拡大はそれ以上進まなかったが、シリア中央部のパルミラを含む地域に勢力を拡大した。ここで注目したいのは、二〇一四年七月三〇日から二〇一六年一月二五日までの一年半、トルコとの国境沿いにある地域がイスラーム国の勢力下からクルド人の勢力下に変化したことである。

シリア北東部のクルド人勢力は、二〇一五年一〇月、民兵部隊のクルド人民防衛隊（Kurdish People's Protection Units, YPG）を中心に結成された勢力であり、一般にはクルド民主軍と呼ばれている。クルド民主軍はトルコおよびイラクでテロ活動を展開しているクルド労働党（ＰＫＫ）の一派であるため、トルコは警戒してきた。他方、クルド民主軍に対してはアメリカが空爆と武器を供給して支援してきた。それはイスラーム国の支配領域が拡大するのを阻止するためであったが、トルコに

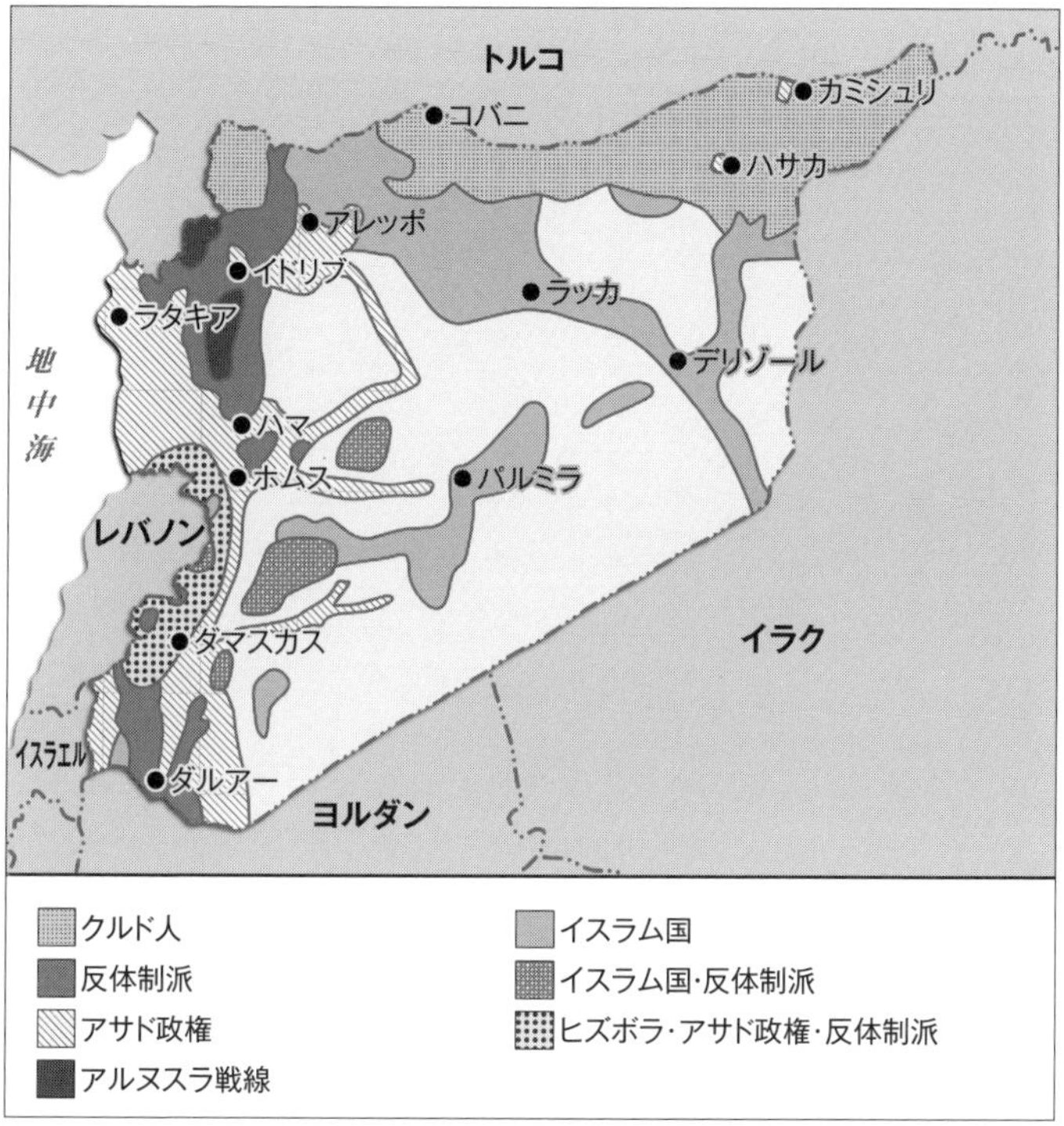

地図1-5　2016年1月25日時点のシリア

出典：[https://blog.education.nationalgeographic.org/2015/10/05/who-is-fighting-whom-in-syria/] をもとに筆者作成。

とってはＰＫＫは宿敵であるため、トルコはしだいにシリアのコバニ地域に越境攻撃をしかけるようになった。つまり、アメリカにとっては、クルド自由軍はイスラーム国との戦いにおけるシリアの精鋭部隊であるが、トルコにとっては、自国の敵対勢力から派生した一派であり、クルド自由軍の支配地域をシリア内に限定させる必要があったのである。

これをアサド軍の側から見ると、どのようになるか。アサド軍にとっては、イスラーム国との戦いにおいて、アメリカのクルド自由軍への支援は重要であった。また、他方でロシアによるイスラーム国への空爆が効果を上げたため、やがてアサド軍はアレッポを勢力下におくことに成功した。つまり、アメリカとロシアは、それぞれクルド自由軍とアサド軍を支援した。支援相手は異なっていたが、自由軍もアサド軍もともにイスラーム国と戦っていた。傍《はた》から見れば、イスラーム国への攻撃では結果的に協調したようにも見える。

その後イスラーム国は徐々に勢力範囲を縮小し、アサド政権が支配する領域がしだいに増えた。現在では、アサド政権がシリアの領土の八割程度を支配するに至っている。反体制勢力は存在しつつも、シリアは内戦状態からは脱しつつある。他方、シリアの北部地域は、後述するようにトルコが緩衝地帯を設け、事実上トルコ軍が駐留しており、シリア全域で治安が回復するには時間がかかる。

以上、中東・イスラーム世界での紛争のうち、とくにパレスチナ紛争、アフガニスタン紛争、シリア紛争の三つの事例について、なぜ長期にわたって紛争が続くのかを見てきた。その結果、一つの共通項があることがわかる。それは外部勢力の介入である。これについてはすでに地図１－３で示したとおりである。

ロシアは中東域内の国家ではないが、シリア紛争には初期段階から介入している。また、サウディアラビアとイランの二ヵ国は、いずれもシリアとイエメンに介入している。トルコは、リビア、シリア、パレスチナのガザ地区のハマス勢力に対して介入というよりは支援をしている。

3 人道支援の現在と未来

紛争や戦争が起これば、難民や国内避難民は急増する。二〇二〇年に国連難民高等弁務官事務所（UNHCR）が推計したところによると、世界には八億二四〇〇万人の難民と国内避難民が存在する。難民と国内避難民を合わせ、一九九五年の四倍に達したことになる。この数字のなかには、紛争や戦争のように人間が生みだした悲惨な状況のみならず、自然災害によって移動を余儀なくされた避難民も含まれる。

二〇二二年二月二四日に始まったロシアのウクライナへの軍事侵攻によって、ウクライナから隣国に避難する難民が大量に発生している。その数は四〇〇万人にも上るという。また、ウクライナでの戦闘が継続することで、ロシアに対する経済制裁が欧米、日本を中心に発動され、ロシアから輸出されてきた石油や天然ガスなどのエネルギー資源や農産物が市場に出回りにくくなり、世界的な食糧危機が起こると予測されている。ロシアやウクライナからの小麦の輸入に依存している中東やアフリカ諸国では、とくに小麦価格が急騰している。

紛争や戦争、あるいは飢饉など、人びとの命に係わる危機的な状況が生じたときには、人道支援が実施される。人道支援は、大きく分けて二国間、多国間の二つがある。二国間の人道支援は、文字どおり、ある国家が人道的な危機に瀕している場合、別の国家が直接支援を行うことであり、概して無償支援が多い。多国間の支援は、国連のさまざまな機関を通じて、それぞれの国家が実施するものである。

二国間および多国間の支援において、日本でよく使われる用語は、政府開発援助（ＯＤＡ）である。開発援助という名称のとおり、ＯＤＡは開発支援であり、厳密にいえば人道支援は開発支援には含まれない。人道支援が行われるのは、紛争国や災害の被災国に対してであるが、ともに緊急性の高い支援であり、短期間に実施されることが多い。

また、世界で人道支援の受益者は年々増加している。グローバル人道支援報告書（Global Humanitarian Assistance Report, 2020）によれば、難民および国内避難民の数は九年連続で増加し、二〇二〇年には八二〇〇万人に達したという。また、同報告書は、人道支援の受益国の上位一〇ヵ国が、世界の五四パーセントに当たる国内避難民を受け入れている一方、国内避難民が出身地に帰還できる可能性は低いことを示唆している。また、世界の避難民のうち三二パーセントが難民（二六三〇万人）であり、五八パーセントが国内避難民となっており、国内避難民のほうが実は難民の数より二倍ほど多いことが判明している。

ある国で紛争が起こったり、災害に見舞われたりしたとき、最初に各国が行うのは人道支援であり、紛争や戦争の場合は停戦後に実施されるのが原則となっている。人道支援といえば、世界的には赤十字社が歴史的にも長く手掛けてきたことはよく知られている。他方、紛争国や地域の場合は、人道支援が一段落したあとで、復興支援、その次に開発支援というように、つなぎ目のない支援を行うのが理想とされている。

しかしながら、実際には、シリア、イエメン、アフガニスタンのように紛争や内戦が一〇年以上にわたり続くような場合は、人道支援から復興支援に移行できないまま、人道支援が継続されることが多い。ちなみに、アフガニスタンの戦乱は一九七九年のソ連の軍事侵攻が発端であり、一九八九年から数年間は一時的に平和が訪れたものの、その時期は例外的で、今日に至るまでほぼ四〇年間は断続的に戦闘が続いたり、地域によっては軍閥が群雄割拠したりしていたといってよい。そもそも紛争の火種は根が深く、武装解除や帰還兵の職業訓練や民族和解など、国家再建に向けた復興支援が順調に行くケースのほうが少ないのが現実である。

4 中東諸国の人道支援と難民受け入れの実態——トルコの例

拡大する中東諸国の人道支援

中東は、一般にはアフリカに次いで紛争による難民や国内避難民が創出される地域である。しかしながら過去数年間の統計をみると、避難民の出身国の上位五位は、アフリカよりも中東が多くなっている。二〇二〇年のUNHCRの統計では、第一位がシリア、第二位がイエメン、第三位がレバノン、次いで第四位が南スーダン、第五位がコンゴ共和国となっている。人道支援の受益者が中東での紛争当事国の人びとのあいだで増えたことは、いかに中東の紛争が長期化しているかを示している。

それと同時に、中東諸国内で人道支援に積極的な国家がとくにこの十年間に増えた。その代表例が、サウディアラビアとトルコである。UNHCRの報告書によれば、湾岸諸国の人道支援額は過去二〇年間上昇し、二〇一八年にはサウディアラビアが人道支援額で世界第四位になった。

二〇二〇年にはUAEがGNP比で世界第三位の人道支援額を拠出したと同報告書は指摘している。また、国際赤十字委員会の報告では、UAEが二〇一三年に世界第一位の五八億ドルを人道支援として供与したといわれている。このように、中東地域での避難民は増加する傾向にある。なお、人道支援額を増やしている国家のうち、サウディアラビアとUAEは避難民をあまり受け入れていない。他方、トルコは新疆ウイグル自治区の出身者やアフガン人やシリア人の避難民を多く受け入れている。

トルコの人道支援

経済協力開発機構（OECD）は、二〇一四年以降に人道支援額を急激に増やした国家として、トルコに注目している。トルコの人道支援額は二〇一六年に三九億ドルとなり、前年比で二六パーセントの増加となった。

今井浩平によれば、トルコの人道支援が外交として認識されたのは、二〇一三年一月の第五回トルコ大使会合であったという。この時初めて「人道外交」という用語が外交政策の指針として使われるようになった。当時の外務大臣、「アフメット・ダヴトオール（Ahmet Davutoğlu）は、人道外交を現実主義と理想主義、ハードパワーとソフトパワーの両方を調和し、人間に焦点を当てて行う外交、良心とパワーの両方が必要な外交と定義した」という。ダヴトオール元首相は二〇一七年五月二四日に同志社大学にて講演をした際にも、トルコが担う人道外交の重要性について強調していた。

トルコはアメリカやロシアのように大国ではない。他方、トルコは二〇〇九年にG20に加盟し、インドネシアやメキシコや南アフリカとともに新興国の仲間入りをした。その意味でトルコは決して小国ではなく、ミドルパワーであると自己認識するようになった。トルコは、人道支援や開発支援のような平和的な（軍事的でない）支援を紛争当事国や紛争経験国に実施することで、世界にトルコの存在を示そうとしてきたのである。

トルコの人道外交は、国内の人道的問題の解決と、対外的な人道支援の二つからなっている。とくにトルコが力を入れてきたのは、ソマリア、シリア、アフガニスタンへの支援である。ソマリアとアフガニスタンの紛争は、数十年間断続的に悪化していたが、シリアの紛争は先述のように二〇一一年三月に始まり、二〇一二年末から二〇一三年にかけて内戦化した。トルコはシリアと国境を接している。

トルコの人道支援は、隣国シリアでの内戦が激化したことで、人道支援額全体が増加したが、なかでも対シリアの支援額が急増した。トルコのシリアに対する政府開発援助の額は、二〇一三年には総額の五二パーセントだったのが、二〇一四年には六五パーセント、二〇一五年には七〇パーセントとなった。トルコでは、日本のＪＩＣＡ（独立行政法人国際協力機構）に相当するＴＩＫＡ（トルコ協力調整庁）がＯＤＡの主要な担い手となっているが、国連を通じた多国間援助より二国間援助に偏重している。

トルコの難民受け入れ体制

国際条約として難民を保護する法としては、「難民の地位に関する条約」（一九五一年ジュネーブ条約）がある。ただしこの条約は、一九五一年一月一日以前に欧州で難民になった人びとのみに適用される条約であり、欧州以外の地域での難民に対する保護規定が不在であった。そのため、「難民の地位に関する議定書」が一九六七年に国際的協定として発効した。トルコは一九五一年のジュネーブ条約と一九六七年の議定書の両方を批准したが、その適用に地理的制限を設けていた。すなわち、欧州で発生した難民に対しては保護する義務を負うが、トルコより東部からトルコに到来した難民は受け入れない、というのがトルコの難民に対する一般的な政策であった。

トルコには、一九七〇年代以降、中国の新疆ウイグル自治区の難民や移民、アフガン難民など、トルコ以東の地域から来た難民や移民が滞在してきた。この事実上の受け入れは、ジュネーブ条約や一九六九年協定に基づくものではなく、トルコが自発的に人道支援として受け入れてきたと言ってよい。

他方、シリア紛争が二〇一一年に勃発し、二〇一三年以降内戦化すると、シリア難民が欧州に押し寄せるようになった。いわゆる欧州における難民危機である。シリア難民の多くは地中海をわたり、トルコからギリシャへ流入するルートで欧州に入る。

そこでEU（欧州連合）首脳会議は、二〇一六年三月、このルートでの難民の欧州への流入を防止すべく、トルコと合意した。この合意では「トルコからギリシャに海路で入国した非正規移民をトルコに送り返し、その代わりにトルコにいるシリア難民を欧州が空路で受け入れ、トルコに送還する難民と空路でトルコから直接欧州が受け入れる難民の数を同数とする」というものであった。トルコはEUに対し、送還難民を受け入れる代わりに、トルコ人のEU諸国へのビザ免除を要求すると同時に、EUがトルコに三〇億ユーロを支払うことを要求した。トルコ人のEU内でのビザの免除は実現しなかったが、トルコは、国内のキャンプにすでに非正規に流入して住んでいるシリアからの避難民を「難民」として受け入れることになった。

トルコの難民受け入れの特徴

トルコの人道外交は、二〇一六年合意によって、欧州の人道的対応とはいくつかの点で異なることが明らかになった。第一に、欧州がシリア難民を欧州の外の領域に追いやり、欧州にはなるべく流入させないという方針を採ったのに対し、トルコは自国内に難民を受け入れ、人道的な空間をトルコ内に確保するという違いがある。第二に、欧州の難民保護にはジェンダー的配慮が不十分な傾向があるのに対し、トルコは女性や子どもを社会的な脆弱《ぜいじゃく》者と捉え、積極的に女性や子どもの難民保護を手がける点である。この場合、トルコに特徴的なのは、単に女性や子どもという捉え方ではなく、母親としての女性、あるいは寡婦《かふ》になった女性や孤児になった子どもたちを保護することに重点を置いている。その根底には、女性を守るべき性と考え、寡婦や孤児を社会的弱者として保護すべき存在だと捉える価値観がある。そこにはイスラーム的価値が反映しているように見える。

第三に、欧州とトルコの合意においては、文化的類似性を欧州もトルコも配慮した点に特徴がある。歴史的にはシリアは旧オスマン・トルコ帝国の領土であり、ムスリムが多いシリアの人びとは、トルコと文化的な類似性があると欧州もトルコも考えていたといわれている。トルコ語とアラビア語はまったく言語系が異なるが、トルコはシリアとイスラーム文化を共有するという点で文化的に近い。両国ともにムスリムが多数派であると同時に、少数派にキリスト教の諸派がいる。

こうした意味で、トルコにとってのシリア難民や移民の受け入れは、国際条約で規定する「難民の保護」には当たらない。また、トルコのシリア難民のトルコ国内での受け入れは、EUとの合意が形成された二〇一六年に始まったわけではなかった。筆者がトルコのシリアとの国境の町キリスに二〇一三年三月に訪れた時も、キリスの町にはシリア難民が毎日数百人規模で到来していると、トルコのNGO団体の関係者から聞いた。では、いまだにトルコに押し寄せるシリア難民の人びとは、どのような法的、社会的保護を受けているのであろうか。

トルコにおけるシリア難民の法的、社会的地位

トルコ政府は、シリアでの紛争が内戦化し、トルコに流入するシリア難民が急増したことを受け、二〇一三年に「外国人と国際保護法」という法を制定した。この法は、トルコにおける難民、移民を含めた外国人のトルコでの地位を包括的に定めたものだといわれている（この法律の詳細は、鈴木慶孝の論文を参考にされたい）。鈴木によれば、シリア難民については、トルコでは本法の成立後は「一次的保護」の対象となっており、法的に曖昧であると同時にトルコ政府の恣意的な判断で終了する可能性があるという。つまり、一時的保護はあくまで一時的なものであり、難民として法的に認定される可能性がほとんどない地位となっているのである。鈴木は、シリア難民のトルコでの

地位には多くの課題を残していると指摘し、以下のように述べている。

現在のトルコでは、シリア人の交流とシリアへの強制送還・追放処分が数多く報告されている。アムネスティインターナショナルと欧州理事会によれば、トルコ政府は近年の軍事作戦（二〇一六年）、「オリーブの枝作戦」（二〇一八年）、「平和の春作戦」（二〇一九年）によって、シリア国境沿いにセーフゾーンを設けており、そうした地域にトルコ国のシリア人を強制的に送致している。そのさいに、シリア人が「自発的に帰還」したと見せかけるために、時には暴力を行使しながら、強制的に帰還同意書にサインさせている。

アムネスティインターナショナルの報告書は時として政治性を帯びており、必ずしも客観的なものとは限らない面がある。他方、欧州理事会は、上述のようにトルコとはシリア難民をめぐって金銭上の取引をしているがゆえに、トルコが実際にどこまでシリア難民の人権を守っているのか、国際法上の人権規定に違反していないか、神経を尖らせて現状分析を行っている。

こうしたトルコ政府のシリア難民の対処法が、欧州理事会が指摘するとおりであるならば、シリア難民がトルコに押し寄せたあとの顛末《てんまつ》はかなり人権上の問題を残していると言わざるを得ない。他方、欧州はシリア難民の受け入れをトルコに押し付け、欧州には難民の波が押し寄せないようにトルコと取引したことは否定できず、その意味でトルコのみを責めることはできない。

すでに述べたように、シリアの領土内では各勢力が支配地域を取り合い、それぞれの勢力に対して、各国が支援をするという構図でシリアの内戦は継続してきた。シリアの反体制派やテロ組織の一つであるアルヌスラ戦線には欧州が、アサド軍にはロシアとイランが、またレバノンのシーア派イスラーム主義の政治組織であるヒズボラに対してはイランが支援を続けた。ロシアは、アサド軍の空爆を助け、イランの革命防衛隊の特殊部隊が支援してきたといわれるヒズボラとの協力関係をとることで、アサド政権の支配領域を二〇一九年までに国土の七割近くまで拡大させることに成功した。それは地図1-6で示されている。こうしたなか、直接シリア国内に自国の支配領域を獲得したのは、トルコである。

トルコ軍のシリア領土への侵攻と難民・人道支援

トルコは、EUと難民受け入れで合意した二〇一六年以降二〇一九年までの間だけでも、四回にわたりシリアに軍事進攻している。トルコは過去四〇年以上にわたり、クルド人武装勢力のクルド労働党（PKK）と紛争を継続している。PKKの在シリア組織であるクルド民主統一党（PYD）は、とくに二〇一四年以降勢力が拡大し、テロ組織「イスラーム国」の支配地域を自らの支配地域に加えていった。トルコにとってはPKKが長年の脅威であるのに加え、国境線を接しているシリアでもその勢いが増したことは、トルコの安全保障上大きな脅威となった。

こうした状況下、トルコは、コバニの西側のトルコとの国境地帯をトルコが支援する反体制諸派の地域として確立し、シリア民主軍の支配地域とは一線を画した。トルコはまた、この地域とは別にシリア民主軍が支配するに至った、コバニを含むトルコとの国境地帯を安全地帯として設定した。

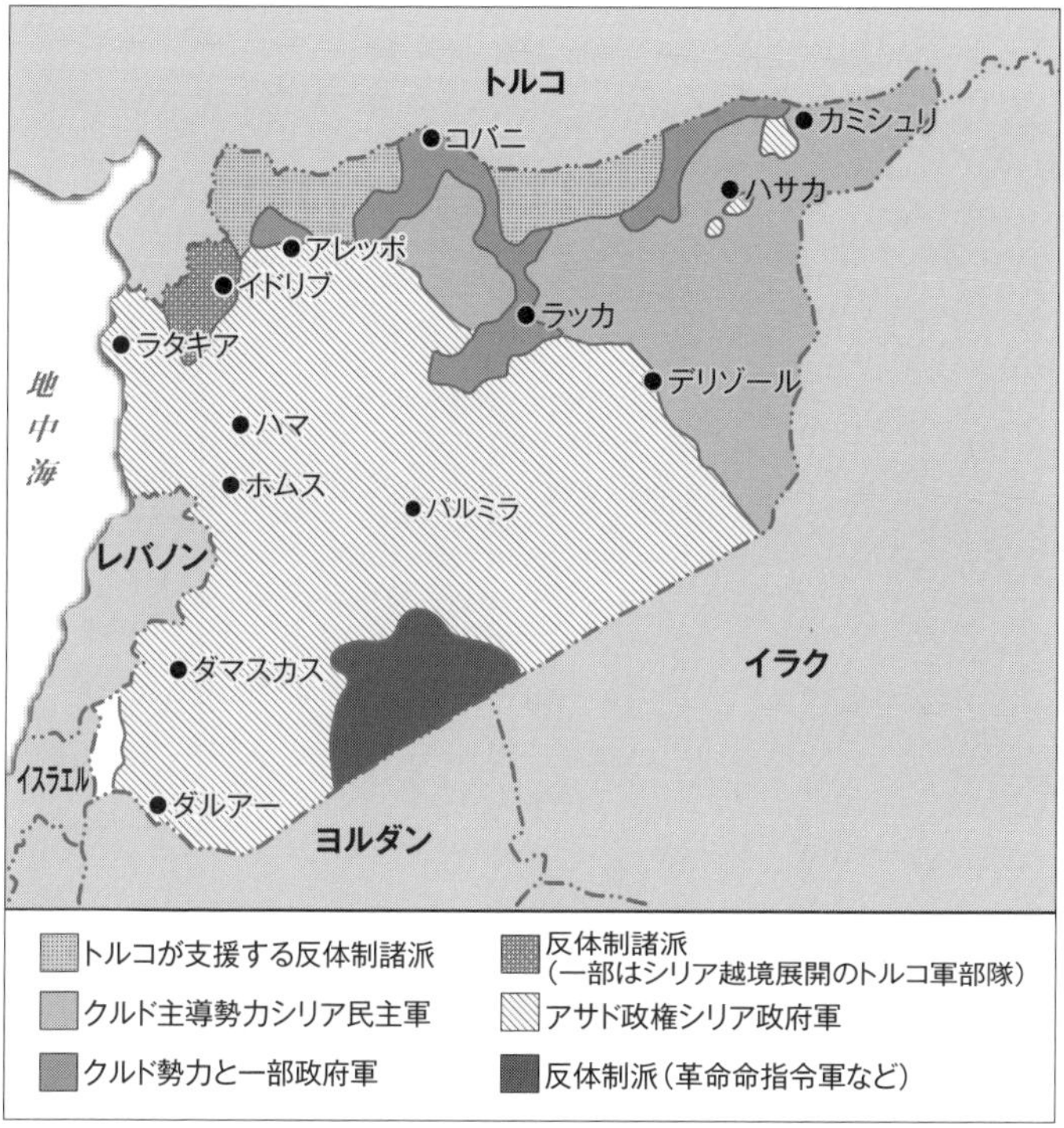

地図1-6　2020年3月のシリア

出典：[https://www.fpri.org/article/2020/03/idlib-the-most-dangerous-place-on-earth/syria-conflict-map-march-2019/]をもとに筆者作成。

しかしながら、二〇二〇年春になると、トルコが設定した安全地帯の六割以上がトルコの支援するシリアの反体制諸派の支配する地域に変化している。

つまり、トルコはシリアとの国境線上のシリア側の地域を反アサド勢力で固め、宿敵のPKKの一派であるクルド人民防衛隊に対しても牽制《けんせい》をかけ、間接的にPKKとの闘いをシリアで展開しているのである。その意味で、トルコにとっては、PKKというテロ組織の活動から自国を守ることがシリア内戦への介入の大きな目的となっている。トルコは越境して空爆を断続的に行ってきた。こうした越境的な軍事行動は、ソフトパワーに対し、ハードパワーである。

このように、紛争当事国の隣国の介入は、それぞれの国家の安全保障にかかわるがゆえに行われている。その結果、紛争や内戦は長期化し、難民は近隣諸国に流入する。

トルコがシリア難民を受け入れるのは、非軍事的な対応である。他方、シリア攻撃を行うのは明らかに軍事行動である。この二つの行動が同時に行われるのは、一見矛盾した行動に見える。しかし、紛争地と隣国の国境地域では、さまざまな人びとが行き交い、互いに連携しながら、人道支援活動が展開されている。その意味で、トルコという同じ国が、一方ではシリアの紛争地において軍事的な干渉を行い、他方で避難民には人道支援を惜しまないのは、戦闘と人びとの保護が表裏一体であることを示唆している。

トルコの外相のダヴトオールは、国際社会において人道問題に対応すべく、トルコ政府が関与するアクターとして、トルコ国際協力調整庁（TIKA）、トルコ赤新月社、トルコ災害・緊急時対応庁（AFAD）、総合住宅管理庁（TOK·i）、トルコ航空を挙げている。二〇一四年に設立された移民管理総局もそのなかに含まれるという。つまり、トルコの人道支援は、復興開発支援の担い手、緊急人道支援の担い手、避難民への住居を提供する政策を担う官庁、避難民を空輸する国営航空会社など、官民が多様な協力をしながら推進しているのである。緊急人道支援の担い手のなかに、IHHやキミセヨクモ（トルコ語で「誰かいるの？」の意味、被災地でがれきに埋もれた人びとを救出するときに声をかけるときの表現）などのイスラームの奉仕の精神に裏打ちされたイスラームNGOが含まれている点は重要である。国家と市民社会の協働体制が、現場の避難民のニーズを懸命に満たそうとしているからである。

人道支援の実像と虚像

人道支援金は、一般に、国際社会が資金を集めるのが比較的容易な寄付の一つといわれている。戦争や紛争の悲惨さを伝えるメディアには人の心を打つシーンが多くある。人助けが悪いことだと考える人は少ない。他方、人道支援金がどの程度集まり、どのように使われたのかについては、不透明な面が多いといわれている。

政府開発援助のような資金は、報告書が定期的に公刊され、OECDの開発援助委員会（DAC）は、一律の指標に基づく評価書や報告書を提出することをOECD加盟国に義務づけている。また、定期的に出版される報告書は、OECD諸国内での相互チェック（ピアレビュー）の対象になる。他方、人道支援は原則的には短期間に要請され、資金が集められ、その時々の状況で柔軟に運用されるがゆえに、第三者の確認や評価が行われにくい。

ましてや、中国、ロシア、サウディアラビア、トルコのようにOECDのDACメンバーでない国家には、DACに対する報告義務がない。したがって、透明性に欠ける人道支援が行われていても、それに対する異議申し立てが行われるわけでもなく、それぞれの国家の国益に利するよう政治的意図のもとに恣意的に運用されがちだといわれている。

ただし、国益がなければ人道支援に限らず、開発支援にせよ復興支援にせよ、支援と名のつくものが実施されにくいことは一理ある。また、国家やNGOなどの市民社会組織が、連携して支援の必要な人びとに支援が届くよう懸命に動いているのも事実である。そうした意味では、人道支援の意義そのものは否定しにくい。

人道支援が必要な難民や国内避難民が毎年増えている状況下、人道支援のニーズは今後もますます高まる。しかしながら、人道支援につきものの不透明性や、人道という名にふさわしい支援が本当に執行されているかどうかといった国際的な監視はきわめて重要であろう。

紛争、戦争の負の連鎖

いったん紛争や戦争が勃発すると、休戦や停戦に漕ぎつけるのはむずかしい。その原因の一つに、戦争経済あるいは紛争経済と呼ばれる現象がある。戦争や紛争は人びとの暮らしの糧を奪い、生活の基盤を根こそぎ破壊し、精神的なトラウマをも引き起こす。その一方で、戦争や紛争に利益を見いだす勢力が必ず存在する。

イエメンは、二〇一五年から二〇一九年のあいだに一五〇億ドルの人道支援を得たという。二〇一八年がそのピークで、単年度で五二億ドルに達した。これは、イエメンの戦争前の年間GDPの一五パーセントに当たる。ここまで外部からお金が流入すると、戦闘行為を行っている人びとのあいだで、内戦を終結させようという動機づけが薄くなるという指摘すらある。外部から多額の人道支援金が入ると、もともと長期にわたる紛争や戦争の当事国で有力者となっている軍閥は、自らの政治的、社会的、経済的影響力を拡大するために、いいかえれば、個人的な利益を最大化するように使う傾向があるという。人道支援金を賄賂のごとくあるいは戦利品のごとく、自分の配下の人びとに配分したり、まだ自分の影響力下にない勢力を支配下に収めるためにばらまいたりするのである。

イエメンだけではないが、内戦や戦闘が続く国家に特徴的なことの一つに、資源配分が均等でないという社会構造上の問題がある。今日流行《はやり》のことばでいうと、社会的分断ということになろう。社会的分断は、人びとのあいだに存在する絆《きずな》が断ち切れた状態を指すが、その背景には経済的格差が存在する場合もある。紛争や戦争が起こると、平時には経済的にあるいは社会的に日の目をみなかった勢力やグループが、戦時に特有な経済の仕組みを利用して、経済的に豊かになる場合がある。仕事がなかった人びとは戦闘員になることで食べていけるようになる。古くなった武器を廃棄するのに、戦争ほど都合のよい場と機会はないというのも一理あろう。

このような戦争経済の一面を、筆者は二〇〇〇年九月、九・一一事件が起こる一年前に耳にしたことがある。筆者は当時、イランに定住したアフガン人が、アフガン難民の子どもたちのために自ら開設した学校で教育の実態を調査していた。そのときにNGOから聞いた話である。

アフガニスタンのある村で、外国から一度に多くのお金をもらったため、村人たちが集まって、そのお金を何に使うかみんなで相談した。ある者は、食糧を買って倉庫に保存してはどうか、またある者は農業用の水路を建設してはどうか、など次々とアイデアが出された。ほぼアイデアは出尽くしかに見えたその時、村人のひとりが言った。「やはり戦闘機を買おう。そうしたら戦争が続いて、外から支援金が入ってくる」。村人たちは結局、戦闘機を買うことに決めた。

このジョークは、戦争が長期にわたっているのはなぜか、という問いに一つの答えを示している。戦争や紛争が続くと、人道支援が行われる。開発支援よりは人道支援のほうがはるかにお金が集まりやすいことはすでに述べた。また、国際社会が人道支援金をさまざまな形で拠出するのは、自然災害の時も同様である。ただし人道支援は、開発支援とは異なり、その実施がその場しのぎ的な性格をもつため、支援金の拠出や配分は継続的ではない。問題は、集まった支援金がどう配分されるかである。

いわゆる軍閥と呼ばれる集団は、各国から提供されるモノや財やサービスを自分の配下に分け与える。その配分のしかたに偏りがあれば不満分子が出て、治安は悪化する。また軍閥は、戦争や紛争が終わったあとのことを考えて配分やばらまきをするわけではない。目前の自分の利益を最大化するために、あるいは自分の権力を拡大するために、資源の配分を行うのである。

このように、紛争地や戦地には資源の配分をめぐる対立が武力紛争をもたらす。いったん武力紛争が始まると権力争いが続き、その権力を掌握した者が自らの資源を最大限にするため、それに対する不満がさらなる武力紛争へと発展し、暴力の連鎖を引き起こすのである。中東・イスラーム世界の紛争や戦争に限らず、こうした負のスパイラルから人びとが脱却するのはむずかしい。それゆえに紛争は長期にわたって続くことになるのである。

中東・イスラーム世界は、長期にわたる紛争や戦争以外に、もう一つ大きな爆弾を抱えている。それは中東における核開発をめぐる対立である。次章では、イランとイスラエルの対立が背景となっている中東の核問題について考察したい。

第2章　中東の核問題——アラブ諸国とイラン

1　通常兵器か核兵器か——オルターナティブなアプローチとしてのソフトパワー、戦略能力

中東で今後新たに紛争の原因となりうるものは何かと考えると、イランの核開発問題を思い浮かべる人が多いかもしれない。たしかにイランの核問題は、二〇一五年の核合意後の七年間により深刻なものになった。アメリカは二〇一八年に一方的に合意から離脱し、その後、合意の復活もなければ、新たな合意事項の具体的な道筋も見えていない。そうした状況下、イランのウラン濃縮活動は量的にも質的にも刻々と深化している。

他方、イランの核問題が行き詰まれば行き詰まるほど、中東諸国内とくに湾岸諸国を中心に通常兵器の購入が年々増加し、軍備拡大競争ともいえる状況になっている。ストックホルム国際平和研究所（Stockholm International Peace Research Institute, SIPRI）の報告書によると、二〇一三年から二〇一七年の四年間は、それ以前の二〇〇八年から二〇一二年までの期間と比べ、通常兵器の購入額が一

〇三パーセント増加したという。とくにサウディアラビアとエジプトの軍備増強が著しく、同時期の比較ではそれぞれ二二五パーセント、二一五パーセント増となっている。

既述のようにイラン革命が起こった一九七九年以降、アラブ諸国とイランとのあいだには対立の構図がある。とはいうものの、カタールとイランは天然ガス資源国として協調関係があり、パレスチナのハマスに対する支援という点で共通の外交路線をとっている。アラブ諸国のなかで最もイランとの対立が激しいのはサウディアラビアである。シリアおよびイエメンでは異なる勢力に対する支援を実施し、代理戦争をしている面があることはすでに述べたとおりである。両国の対立は、イランによる、二〇一八年のサウディアラビアのアラムコ石油会社の油田へのミサイル攻撃に代表されるように、今日まで緊張を孕《はら》んでいる。

では、中東アラブ諸国とイランの軍事力はどのように比較できるのであろうか。いうまでもなく、実際の軍事力に関するデータは国家機密に関わる問題であるため、原則として各国は公開しない。そのため、軍事力を測ろうと試みても、それは推測の域を出ない。また、各研究機関が発表している統計には差があり、どれが正しいのかは誰にもわからない。ただし、一般に国際的な信頼度が高いとされている研究機関はいくつかある。

たとえば、下表はアンソニー・コーデスマンのまとめたデータ（表2－1）では、主要な研究所三つのデータが比較されている。戦略国際研究所（Institute of Strategic Studies, ISS）、SIPRI、情報取扱サービス・ジェーンズ（Information Handling Services Jane, HIS Janes、ただし現在はJanes）の三つの研究所によるものである。これらの研究所は、軍事、戦略に関する研究所の世界的な代表格である。

表2-1　イランとGCC諸国の軍事費（シンクタンクごとの推計）

国　名	2017年の湾岸諸国の軍事費			GDPに占める割合		
	IISS	SIPRI	HIS Janes	IISS	SIPRI	HIS Janes
イラン	16,035	15,548	16,201	3.75	—	3.85
バハレーン	1,480	1,397	1,544	4.37	—	4.95
クウェート	5,710	6,831	7,107	4.83	—	4.93
オマーン	8,687	8,687	9,901	12.09	—	11.51
カタール	6,120	—	5,676	—	—	3.38
サウディアラビア	76,678	69,413	52,098	11.30	—	7.66
UAE	30,000	—	19,760	—	—	—
GCC合計	128,675	—	95,086	—	—	—
イラク	19,271	7,416	7,783	10.00	—	4.23
アラブ諸国合計	147,946	—	102,869	—	—	—

出典：Anthony H. Cordesman and Nicholas Harrington, "The Arab Gulf States and Iran, Military Spending, Modernization, and the shifting Military Balance," December 12, 2018. CSIS https://www.csis.org/analysis/arab-gulf-states-and-iran-military-spending-modernization-and-shifting-military-balance（2022年3月22日アクセス）をもとに筆者翻訳。

軍事力は軍事支出をもとに算出されているが、表2－1の数字に表れているように、数字に違いがある。

一方、ほぼ共通しているのは、イランの軍事費がGCC（Gulf Cooperation Council, 湾岸協力会議）諸国のどの国と比較しても非常に低いことである。これらの軍事費は主として通常兵器の整備を中心に計算されているため、ひそかに核開発に関わる費用が存在したとしても表面には出てこない。通常兵器の軍事費の比較だと考えると、サウディアラビアの軍事費はイランと比較し、三倍（Janes）から四倍（ISSとSIPRI）以上の開きがある。これほどまでに軍事費でイランより優勢に立っているにもかかわらず、サウディアラビアがイランを脅威に感じるのはなぜであろうか。

このようなデータは、軍事力の測り方としては従来型である。このデータを公開しているアンソニー・コーデスマンは、サウディアラビアが戦闘機をはじめとする通常軍備力に極度に投資していることを指摘し、革命後兵力の近代化に取り残されたイランの軍事力は、もはやGCC諸国が競争するレベルにないという。しかしながら、これだけでは結局、なぜサウディアラビアがイランを恐れるのかが見えてこない。また、この表にはないが、イスラエルがなぜイランと敵対するのかは説明できない。イランの脅威論は、過去四半世紀のあいだ、さまざまな様相を呈して今日に至っている。

それでは、中東および世界政治のなかでイランが占める地政学的問題をこれからひも解こう。最初に、一九七九年のイラン革命後のイラン・アメリカ関係について、その次に、イランの核開発問題とは何かをふりかえる。

2 中東・イスラーム世界の地政学——一九七九年イラン革命後から二〇〇一年九・一一事件まで

イランとアメリカの対立

イランとアメリカの関係の悪化は、先述のように一九七九年のイラン革命以来である。革命直後、テヘランのアメリカ大使館で外交官が四四四日間人質にとられた事件によって、アメリカとイランの外交関係は断絶した。とくにアメリカにとってはこの事件がいまだに大きな傷跡となっている。

他方、イランにとってアメリカとの関係上致命的な事件は、一九五三年の事件である。イギリスの石油利権に支配されていたイランの石油産業を国有化したモサッデク政権は、英米合同のクーデターで打倒された。イランでは二〇世紀初頭に油田がイギリスによって発見されてから、アングロ・イラニアン石油会社が設立され、事実上イギリスがイランの石油の採掘から輸出に至るまで独占的な利権を保有していた。モサッデク政権下、一九五一年にイラン石油産業の国有化法が成立し、イランはイギリス人の石油産業の関係者を国外追放した。モサッデク政権の崩壊は、そのわずか二年後の一九五三年八月に起こった。その政変によって、パーレヴィー国王の王政が復活し、翌年一九五四年にはイラン石油コンソーシアムがブリティッシュ・ペトロリアムをはじめとする欧米の石油会社によって設立され、イラン石油は再び欧米の石油会社の利権下に置かれたのである。

パーレヴィー国王は、多額の石油収入をもとに近代化政策を実施した。しかしながら、貧富の格差が拡大した。土地改革の失敗によって農地を奪われた人びとが都市に集中し、都市の貧困層が急増し、インフレや住宅難など多くの社会問題を引き起こした。そうした状況下、近代化政策に反対し国外追放されていたイスラーム法学者のホメイニー師が亡命先のパリから帰還し、一九七九年二月イラン革命が起こり、王政は崩壊した。イランはホメイニー師を国権の長とする「法学者の統治」制度を採るイラン・イスラーム共和国となった。

最高指導者のホメイニー師は、反米・反シオニズムを政治的スローガンにし、現在の最高指導者であるハーメネイー師にもイランの政治外交政策は同様に引き継がれた。一九八〇年から始まったイラン・イラク戦争ではアメリカはイラクのサッダーム・フセイン政権を支援したが、一九九一年の湾岸戦争ではサッダーム政権を敵として戦争が開始され、わずか四三日間で戦争は終結した。その後、クリントン政権はイラン・イラク二重封じ込め政策を採り、イランはそれ以来経済制裁下にある。

その後二〇〇一年九・一一事件後は、ブッシュ政権によってイラン、イラク、シリア、北朝鮮が「悪の枢軸」国として位置付けられた。二〇〇三年には反サッダーム戦争がアメリカによって仕掛けられ、サッダーム政権は崩壊した。二〇一一年三月に反政府運動から内戦へと進展したシリアはいまだにアサド政権下にあるが、内戦下で弱体化した。すなわち、悪の枢軸と称された中東三ヵ国のなかではイランのみが反米政権として残り、現在に至っている。

イランの核開発疑惑問題は、九・一一事件の翌年二〇〇二年にイランの反体制派グループによる暴露で浮上した。ムジャーヒディーネ・ハルクというイランから国外追放されたグループが、イランがひそかに核開発をしているという声明を出したのである。実際に核開発が行われてきたのかどうかは、後述する。イランの核開発疑惑に対し、イスラエルやサウディアラビアなどのアラブ諸国がこの疑惑を問題視し、イランの脅威が高まっていると強く主張するのはなぜであろうか。

二〇〇三年のイラク戦争後のイランの影響力

中東で核開発を実施し、事実上核を保有しているといわれているのはイスラエルである。イスラエルの核保有が国際的に問題にならないのは、イスラエルがほかならぬアメリカの同盟国だからである。イランの場合は、疑惑が生じた段階から「平和への脅威」だと位置づけられるのはいくつか背景がある。

第一に、上述のようにイランがアメリカの敵対国だからである。第二に、イランの核開発が核疑惑として浮上した二〇〇二年から、核合意の突破口となった二〇一三年までの一一年間で、中東を取り巻く地政学的変化が大きいことがある。その変化のなかで最も著しいのが、イランの周辺諸国への影響力が拡大したことである。

イランは、シーア派イスラームの盟主である。イランは、中東でのシーア派勢力に対し、経済的、軍事技術上の支援をイラク、シリアにおいて行ってきた。それはとくに二〇〇三年のイラクのサッダーム・フセイン政権崩壊後に拡大した。サッダーム政権下ではイラクにおけるシーア派人口は三割程度だといわれていたが、同政権崩壊後はシーア派人口が五五パーセントにものぼることが判明した。また、サッダーム政権後のイラクでは、ヌーリー・マーリキー政権、続いてハイダル・アバーディー政権という親イラン派のシーア派政権が樹立された。それによって、イランのイラクに対する政治的な影響力は拡大した。

さらに、二〇一二年以降内戦化したシリアでは、イランは革命防衛隊の特殊部隊ゴドス軍をイラクとともにシリアに派兵し、シーア派勢力の戦闘への後方支援を実施した。また内戦中のシリアでは、親イラン民兵組織のヒズボラが戦闘を今日に至るまで継続している。ただし、ヒズボラの政治的、軍事的指揮系統に対してイランがどこまでコントロールできているかは諸説がある。

こうしたイランの影響力の増大に対しては、一九七九年のイラン革命以来、湾岸諸国のあいだで「イラン脅威論」が存在してきた。それは、王政を打倒して共和国体制となったイラン革命の余波を恐れて、サウディアラビアをはじめとする湾岸六ヵ国が反イラン包囲網として湾岸協力会議（GCC）を樹立したことにも表れている。サッダーム政権崩壊後のイラクとシリアでの戦闘は、イランとサウディアラビアのあいだの代理戦争的な要素もあった（これについては第1章で詳細を記している）。

第三に、イスラエルとイランの関係が、二〇〇二年にイランの核開発疑惑が起こってから、それ以前よりさらに対立的になった点である。両国関係は、革命後ホメイニー師が反アメリカ、反シオニズムを政治的スローガンとして敵対関係に陥って以来、今日まで基本的な変化はない。しかしながら、事実上の核保有国がイスラエル以外に中東に出現することは、イスラエルにとって脅威以外の何物でもない。二〇一五年に核合意が成立した際には、サウディアラビアとイスラエルは、核合意を「歴史的に最悪の合意」と評した。NPT（核兵器不拡散条約）体制に基づき、核合意ではイランに一定のウラン濃縮活動を認めていたが、それは両国にとっては生ぬるいと映ったからである。

では、イランの核開発疑惑はその後今日まで、どのように変化したのであろうか。次節では、核合意に至る変化とアメリカの二〇一七年核合意離脱後の変化についてその動向を検討する。イランが核保有国になることを核交渉国はどのように阻止しようとしてきたのか、またそれはどこまで成功したといえるのか、概観したい。

3　イランの核開発問題

二〇〇二年に核開発疑惑が浮上した当初、イギリス、フランス、ドイツの三ヵ国はイランと交渉しウラン濃縮活動の停止を要請していた。国際エネルギー原子力機関（IAEA）は、二〇〇三年一〇月末日までの停止期限を設けていたが、イランは一一月一四日にＩＡＥＡに対してウラン濃縮を停止したことを正式に通知した。ＩＡＥＡは停止したことの重要性のみをイランに通知し、イランが濃縮を再開した場合についての罰則規定を設定することはなかった。アメリカはこれを不満としたが、ＩＡＥＡは保障協定に基づいて、イランが核の平和利用（核兵器の製造に関する活動をしていないこと）を継続しているかどうかを査察できる体制を確立することに終始した。

イランがウラン濃縮を停止した背景には、八年間戦争をしたイラクのサッダーム政権が同年三月に崩壊し、かつての宿敵が隣国にいなくなったことがある。また、当時は「文明間の対話」という対外関係をより切り拓こうとした、ハータミー大統領の任期中のことであり、イランは欧米との関係改善をめざしていた。

ところが、次期政権のアフマディーネジャッド政権期（二〇〇五～二〇一三年）、イランのウラン濃縮活動が復活したことが明らかになった。強烈な反米・反イスラエル的な発言で際立っていた同大統領は、二〇〇六年二月にウラン濃縮活動を再開した。その結果、国連安全保障理事会は、決議一六九六号を発動し、イランに「ウラン濃縮を全面的に停止する」ことを求め、国際社会は、核関連物質をイランに移転することを禁じるとした。しかしながら、イランはウランを濃縮する権利は、核不拡散条約（ＮＰＴ）九条によって加盟国に保障されていると主張し、濃縮活動を停止しなかった。

さらに、二〇〇九年九月には、イランがＩＡＥＡに報告することなくコム郊外のフォルドの二つの施設でウラン濃縮を行っていたことが発覚した。また二〇一〇年二月にはウラン濃縮度を二〇パーセントまで引き上げたことが明らかになり、イランのウラン濃縮活動が兵器級のウラン濃縮にまで達しないよう、いかに圧力をかけていくかが国際社会の課題となった。

　この課題に向けて、国際社会には二つのアプローチがあった。一つは、イランが高濃度のウランを相当量保有しないよう、高濃度のウラン濃縮を全面的に禁止する方式で、イスラエルのネタニヤフ首相が追求した。もう一つは、アメリカのオバマ大統領が採った方式で、兵器級のウラン濃縮やプルトニウム製造をイランが行わないように制限を加える（つまり、ウラン濃縮活動を部分的に認める）アプローチである。

　二〇一二年以降オマーンがアメリカとイランの仲介をし、二〇一三年には暫定合意、二〇一四年には枠組み合意が核交渉国とイランのあいだで取り交わされ、二〇一五年には核合意（包括的共同行動計画、Joint Comprehensive Plan of Action, JCPOA）が成立した。核合意は、端的には上述の二つのアプローチのうち、オバマ方式が採用され、一定限度のウラン濃縮活動はイランに認めつつ、一つの核を製造するのに要する期間（ブレークアウトタイム）を一年以内になるように合意内容が詳細に組み立てられた。

　少し話が前後するが、核不拡散に関する国際的な取り組みとしてＮＰＴがある。核合意は、イランが合意の最終段階まで主張し続けたＮＰＴ九条を尊重した。ＮＰＴ体制については、核保有国と非保有国家とのあいだに二重の基準が存在することがよく知られている。核保有国の保有している核については不問とし、非保有国の加盟国は核を製造してはならないとしているからである。さらに、イラン革命以来イランと対立してきたイスラエルは、ＮＰＴにも加盟していない。また、インド、パキスタンも非加盟のまま核保有をしており、北朝鮮はＮＰＴから二〇〇三年に脱退している。

このようなNPT体制の矛盾と、NPTの枠外で核開発をするイスラエル、インド、パキスタンを放置している実態に対し、イランは加盟国としてウラン濃縮の権利を主張し続けた。この権利の主張は現在も続いている。国際法上、それはNPT加盟国すべてに認められた権利であり、何ら問題はない。本質的な問題は、NPT体制そのものにある。筆者は二〇〇九年アラスカで開催された北米中東学会の会場に向かう途中、この問題の本質をずばり語ったタクシー運転手に出会った。「アメリカは、イランに核開発するなと言っている。でもこれは、俺は麻薬を吸ってもよいけど、おまえは吸ってはいけない、と言っているのと同じだ」と。

核の保有は、おそらく麻薬と同じように一度始めたらやめられなく性格のものだということ、そして核開発をしてよい国家としてはいけないという国家との力関係がイランの核開発問題の根底にあることを、アンカレッジのタクシー運転手は指摘していたように思われる。

だが実際の国際政治はそれほど簡単ではない。NPTは、現在の核保有国以外の核保有の禁止を規定しているが、その他の加盟国がどの程度のウラン濃縮をしてよいかは規定していない。それゆえに、イランとの核交渉過程でイランのウラン濃縮度をめぐり、交渉国とイランのあいだで激しい議論が続いた。

前述のように、核交渉ではオバマ方式に従い、核交渉国がイランに対し、核関連活動に圧力をかけていったが、その方法は二つあった。一つは、経済制裁をかけること、もう一つはイランが保有する高濃縮ウランの量を削減し、かつウランの濃縮度を低く抑えることであった。経済制裁については、アメリカ対イラン、EU諸国対イランというように二国間で課す一方で、国連安全保障理事会決議で二〇〇六年から二〇一二年六月までのあいだに計六回の制裁決議が採択された。

第二次アフマディーネジャッド政権下で政府内の強硬派の反米路線が強まるなか、イランのウラン濃縮度については、五パーセントの低濃縮ウランをイランがトルコに搬出するかわりに、三〇パーセントを超える高濃縮ウランと交換する、いわゆるスワップ取引方式が二〇一〇年に提案された。兵器級のウラン濃縮度は九〇パーセント以上になることを考えると、このスワップ取引がいかに低い濃縮度を問題にしていたかがわかる。むろん、このスワップ取引は実現することはなかった。

そうしたなか、二〇一一年一一月、IAEAはイランが原子爆弾の開発に関わる技術を外国の専門家から入手し、二〇〇三年には起爆装置の実験をした情報があることを指摘し、核の軍事転用の可能性を事務局長報告のなかで明らかにした。これを受け、イランへの金融制裁が開始された。二〇一二年、EUはイラン産原油の禁輸措置とイランの銀行を国際的な決済制度（SWIFT）から全面的にはずす金融制裁を課した。他方、イランはナタンズのウラン濃縮施設に新型の遠心分離機を開発するなど濃縮能力をさらに拡大し続けた。

このように核交渉はアフマディーネジャッド政権期には膠着《こうちゃく》したが、二〇一三年六月に転換期が訪れた。六月の大統領選挙で勝利したロウハーニー政権が核合意に向けて前向きな外交を展開したからである。共同作業計画（Joint Plan of Action、暫定合意とも呼ばれる）が同年一一月に核交渉国とのあいだで採択され、イランのウラン濃縮活動が五パーセントを超えないこと、またすでにイランが貯蔵している二〇パーセントまでの濃縮ウランの希釈などを含む合意項目が精緻化されはじめた。

そしてついに二〇一五年七月、「包括的共同作業計画」（JCPOA）が最終合意として成立した。

JCPOAは、イランの核開発において、ウラン濃縮関連における制約、アラクの重水炉の改変、ウランの核関連活動に対する査察の強化の三つの柱から構成されていた。

イランには、JCPOAの履行開始日の二〇一六年一月一六日を起点に、その後のイランのブレークアウトタイムを一年以上確保するための制約が課された。ウラン濃縮用の遠心分離機の数に対する制限、ウランの濃縮度は三・六七パーセント以下とし、かつ貯蔵する濃縮ウランを三〇〇キロ以下にすること、アラクの重水炉を改変し、兵器級プルトニウムの生産に歯止めをかけたり、一五年間は新たな重水炉の建設を停止したりするなど、とくに今後一五年間にイランが実施するウラン濃縮およびプルトニウムの生産に対して制限をかけることが期された。

核合意は、もう一つ重要な合意内容を盛り込んでいた。それは、IAEAによる核関連施設の査察を受け入れることで、イランの核関連活動に透明性をもたせることであった。イランがこれを遵守する見返りに、経済制裁が段階的に解除されるとしていた。

核合意は、端的にいえば、イランが即座に核を保有する可能性は低いことを前提に、将来に核保有する可能性をいかに小さくするかという点に重点が置かれた。いいかえれば、イランが核兵器保有には至らないぎりぎりの境界（限界点）までに留まっているかぎり、核技術と核開発能力を保持することを認めていたのである。これは核ヘッジといわれる考え方であるが、核合意がその機能を果たしたか否かで意見が分かれた。一般に、核交渉国は核ヘッジが十分なものであったと評価する傾向にある。他方、イスラエル、サウディアラビアは、核合意を史上最悪の合意だと表明したように、イランの脅威は必ずしも核合意で減少したとは考えていなかった。

4　核合意の意義と限界

ＪＣＰＯＡがイランに対する核ヘッジを担保していたかどうかという点については、イランの脅威に対する認識と敵対意識がどの程度のものかによって、評価は分かれる。イスラエルにとってイランの脅威は、第一に、南レバノンに拠点を置くヒズボラからのイスラエル攻撃という直近の安全保障上の脅威とつながっている。現に、二〇〇六年八月にイスラエルはハマス、ヒズボラ両方と戦火を交えた。とくにヒズボラが使用したミサイルはイラン製であったこと、またこの二つの紛争でイスラエルが敗北したという事実は大きい。第二に、一九九九年にはイランで開発された中距離弾道ミサイル、シャハブ3の射程が一三〇〇キロを超えはじめ、イスラエルがその射程に入ったことが挙げられる。イスラエルにとっては、イランから直接ミサイル攻撃を受ける可能性が現実味を帯びたのである。なおシャハブ3は二〇〇五年以降、射程を一七〇〇キロまで伸ばしている。加えてイラン製のミサイルは、イスラエルと敵対する南レバノンのヒズボラに供与されたため、イランの脅威はさらに増していった。

核合意全般については、とくにイスラエルがオバマ政権期から最終合意の内容について問題視していた点がいくつかある。その一つは、パルチンをはじめとする軍施設が査察対象にはなっていなかった点である。本書の第4章で詳細に記述しているが、イランの革命防衛隊は、革命直後から存在していたが、革命後の四三年間、ホメイニー師の掲げた「革命の輸出」の担い手ともいうべき存在として確実に成長した。

パルチンをはじめとする軍施設は、革命防衛隊の管轄下にあり、イラン国内においても一種の聖域のような存在となっている。革命防衛隊の関係者以外は誰も近づくことが許されないような施設であり、そこでどのような活動が実施されているのかは国家機密となっている。そうした施設が核関連活動の制約を受ける施設として除外されたのは、交渉が決裂して何の合意もないよりは、不完全であっても合意することが重要であると核交渉チームが判断したからにほかならない。

また、イランのミサイル条項が最終合意文書に不在である点も、イスラエルが最終合意成立直後から問題視した点であった。イランのミサイル問題は、アメリカがトランプ政権以降、ＪＣＰＯＡはミサイル開発に対する制約をも加えていたと主張し続けた点でもある。イランは、ＪＣＰＯＡそのものに記載がない以上、ミサイル開発は合意の規制を受けないと主張し続けた。他方、オバマ政権下においても対イランのタカ派は、イランのミサイル開発はＪＣＰＯＡの成立と同時に禁止されていたという立場を採っている。ＪＣＰＯＡの合意直後に採択された安保理決議二二三一号によってＪＣＰＯＡを国際法として位置づけたことになるという主張であった。二二三一号の補則Ｂの第三段落には、「核兵器を搭載する能力のある弾道ミサイルに関するいかなる活動も行わないことをイランに求める」という表現がある。イランが「核兵器を搭載していない弾道ミサイルであれば問題ないはずである」という解釈を採っているのに対し、アメリカは弾道ミサイル一般の開発をも禁じたものだと捉えているのである。

5　トランプ政権誕生後のアメリカ・イラン関係とイランの核開発の進展

二〇一五年七月の核合意後、履行開始が二〇一六年一月一六日に設定されたが、イランが核合意を遵守していることはＩＡＥＡの調査・報告によって明らかになった。その結果、イランに課せられていた経済制裁の一部は一時的には解除された。

イランに対する経済制裁はきわめて複雑多岐にわたり、多重構造になっている。端的にいえば、アメリカ国民に関わる「一次制裁」は、イランの特定の取引先については制裁解除とはならなかった。解除になったのは、アメリカ国民以外の日本のような第三国に関わる二次制裁であった。ただし、イランと取引を再開するには、アメリカドルによる決済をしないこと、アメリカの製品が取引商品に含まれないこと、アメリカ国民が介在しないことなどいくつかの条件を果たす必要があり、制裁解除は限定的なものであった。とはいうものの、イラン経済は、制裁解除が実施されていた二〇一六年一月から二〇一八年八月までのあいだに回復した。二〇一六年度の実質ＧＤＰの成長率は、前年度のマイナス一・五パーセントから大幅に上がり、六・六パーセントとなった。ＧＤＰの一割を占める原油部門の成長率が前年度比で五二・二パーセント上昇したのである。

イランは二〇一七年一月一九日にミサイル発射実験を行い、アメリカの新政権誕生に対して挑発的な行為に出た。アメリカは、イランのミサイル実験に対し直ちに批判をし、ＪＣＰＯＡからの逸脱だとイランを咎《とが》めた。それに対してイランのほうは、革命防衛隊がミサイル実験を行うという軍事的行為に訴えることが、イランのアメリカとの交渉能力は高まると考えた。イランの軍事的脅威をもってしか、アメリカ主導の経済制裁の解除を要請する方法はないという政策で一貫している。こうしたイランの対アメリカ政策は、ある程度は成功した。というのは、アメリカはイランには敵対的な発言を繰り返しつつも、二〇一八年一月までは制裁解除を継続していたからである。

しかし、大転換期が訪れた。二〇一八年五月、トランプ大統領はＪＣＰＯＡからの離脱を宣言した。核合意に基づいて段階的な制裁解除が「行動計画」となっていたところを、トランプ政権は段階的解除を中止したのみならず、イランへの追加制裁を再開する大統領令に署名した。トランプ政権が誕生した場合には、こうしたスナップバック（イランが「重大な違反」をした場合、核合意後に解除された過去の安保理制裁すべてを再発動すること）はありうるとの見方が二〇一五年当時より有力ではあった。欧州の核交渉国家は、それが起これば悪夢であると考えていたが、現実になってしまったのである。

ＪＣＰＯＡは、上述のようにイランに対する核ヘッジという面では完全なものではなかった。しかしながら核交渉チームもＩＡＥＡも、イランから具体的な合意をしかも外交努力によって引き出せたことは、歴史的な合意であるとおおむね評価していた。

その後のイラン・アメリカ関係は急速に悪化した。それと同時に、イランもＪＣＰＯＡの合意履行の一部停止を宣言し、イランのウラン濃縮活動は、量、質ともに高まった。ＪＣＰＯＡの一部停止を宣言した二〇一九年五月以降、ＩＡＥＡの報告書によれば、七月には核合意の濃縮度三・六七パーセントを超える濃縮活動が再開され、一一月には重水の量が合意した限界量を超えたという。

その後もイランは核合意の合意事項から逸脱し続け、二〇二一年二月二三日のＩＡＥＡの報告では、イランのウラン濃縮が二〇パーセントを超えたことが判明した。

このように、イラン側のＪＣＰＯＡの遵守の停止が加速した背景には、二〇二〇年に起こった二つの事件が関係している。一つは二〇二〇年一月二日に起こった、革命防衛隊の特殊部隊ゴドス軍のスレイマニ司令長官の暗殺事件、もう一つは一一月に起こったイランの核科学者モフセン・ファクリザデ氏の暗殺事件である。いずれの暗殺についてもいかなる勢力が関与したかはいまだに明らかになっていない。他方、イランは事件当初よりイスラエルが関わったと主張していたが、現在ではイスラエルの関与があったという見方が強くなっている。

写真２-１　イランのガーゼム・スレイマニ司令官

出典：https://japan.mfa.gov.ir/jp/newsview/571479

とくにイランの保守派は核合意を実現させたロウハーニー政権に対する圧力をかけ、二〇二〇年一二月二日、保守派の議員が多数を占める監督者評議会（イランの上院のようなもの）は、「制裁解除とイラン国民の利益保護のための戦略的措置」という法案を可決した。これはロウハーニー大統領に対し、イランの原子力庁がＪＣＰＯＡによってイランに課された核関連活動の制約を超える措置を採ることを要求するものであった。

つまり、ＪＣＰＯＡの締結を実現したロウハーニー大統領に対し、イランの原子力庁はイランがＪＣＰＯＡを破っていく措置を実施するというシナリオをつきつけたのである。とくに留意すべきことは、ＩＡＥＡ保障措置追加議定書に基づいたＩＡＥＡの査察関連の措置を停止するとしている点である。イランの核関連活動への制限については、既述のように制限の多寡の妥当性が問われてきたが、同法により、ＪＣＰＯＡのもう一つの柱であり、追加議定書で定められている、イランの核活動の透明性を担保するための査察を反故《ほご》にすることが決定されたのである。

こうした動きがイラン国内で進んだのは、ほかならぬイランの強硬派の力が強まったからである。イラン原子力庁もいまは強硬派の勢力下にある。イランがＪＣＰＯＡを履行しても制裁解除にはならない、さらにはアメリカが一方的にＪＣＰＯＡから離脱するとなれば、イランもＪＣＰＯＡはなかったことにする、という流れが、ロウハーニー政権があと半年で終わるという時期に加速した。保守派が二〇二〇年二月のイラン国会選挙で圧勝したあとは、イランの核開発は大統領が統制力をほぼすべて失ったかたちで進展した。

ロウハーニー政権の最後の一ヵ月となった二〇二一年五月、イランはウランの濃縮率が六〇パーセントに達したと報じた。また、ＪＣＰＯＡでは制限値以下の貯蔵濃縮ウランの量が三〇〇キロとされていたのが、二一年六月にはその一〇倍に達した。さらに、イランはＩＡＥＡによる査察受け入れを二一年六月二四日まで延長していたが、六月二六日には、これを延長しないことを最高指導者が決定した。

6 今後のイランの核問題

ＪＣＰＯＡの最大の意義は、イランが核兵器を製造する場合、少なくとも一年を要するように、イランの核関連活動を制約する行動計画であった点にある。それが二〇二二年四月には、二ヵ月に縮まった可能性があるといわれており、ＪＣＰＯＡの根幹にあるものは崩れたといえる。ジュネーブでは二〇二一年一一月からイランとの再交渉が始まったものの、アメリカとイランのあいだには深い不信感がある。それゆえ、ＪＣＰＯＡを復活させることはかなり困難である。

さらに、二〇二二年二月に始まったロシアのウクライナ侵攻後、核交渉国のなかでも重要なプレーヤーであるロシアが、イランとアメリカの交渉を阻害しはじめたのである。ウクライナ戦争が中東を超えたユーラシア地域に与えた影響については後述するが、その影響は大きい。

他方、もともとイランの核開発活動が問題になる背景には、イランのミサイル開発が中東域内、とくにイスラエルにとっての脅威であることはすでに述べたとおりである。端的にいえば、ミサイルが核弾頭の運搬手段の一つであるからである。イランがミサイル開発の技術を高めれば高めるほど、直接的にイランの軍事力は上がる。だが問題はそれだけではない。イランのミサイルは、反イスラエル勢力であるハマスやヒズボラやイエメンのフーシ派のようなシーア派テロ組織にも供与されるという認識が、アメリカにもイスラエルにも、そしてサウディアラビアにも共有されているのである。

マイク・ポンペイオ前国務長官は、トランプ政権発足後の数ヵ月後の二〇一八年五月、イランに対し一二項目の要求を突きつけた。その項目のなかで、イランが上述のような組織に対して支援をしないことや、イランがミサイル開発をやめることが重要な項目として位置づけられていた。このことは、イランの核問題が単なる核問題でないことを物語っていた。イスラエルにとってイランの脅威は、南レバノンに拠点を置くヒズボラがイスラエルを常に攻撃しうる状況にあるという安全保障上の問題とつながっている。現に二一年五月中旬のガザとイスラエルとの戦闘でイスラエルに発射した短距離ロケット弾は、イランの技術支援によりガザで製造された「バドル3」だと判明した。またその性能が最新鋭だということも明らかになった。

今後の核交渉がどこに向かうのかは、誰も予測できない。バイデン政権はJCPOAを復活させると言っているものの、実際にはJCPOAが決めた行動計画の各項目はいまや意味を持たないものになっている。たとえばJCPOAが定めていたロシアによるアラク重水炉の改変一つをとっても、ウクライナ戦争中にロシアがそれを履行することはないであろう。アメリカとロシアがウクライナ戦争で決定的に対峙しているからである。また、イランのウラン濃縮度がすでに六〇パーセントまで達した現在、JCPOAが定めた三・六七パーセントのウラン濃縮度までイランが下げることを誰が想像できるであろうか。

イランの核開発関連の活動は、事実上今後も続けられることになろう。そうなれば、JCPOAなき現在の核交渉では、IAEAの査察の復活をめぐる問題が重要な交渉内容となる。ストックホルム平和研究所が二〇二二年四月に刊行した報告書にあるように、イランが核関連活動を継続した状況下、IAEAがそのモニタリングを続けることによって、イランが核兵器の製造には至らないことを監視し続けるのが現実的である。

他方、イランにとっては、JCPOAが復活しようがしまいが、経済制裁の解除が交渉の目的となっている。イランの経済活動の中心的なガバナンス機構は、筆者が『アジアの平和とガバナンス』のなかで明らかにしているように、革命防衛隊である。革命防衛隊は、国際的な経済制裁のリストに挙げられている。イランの要求する制裁の解除とは、ほかならぬこの防衛隊を制裁リストからはずすことである。

しかしながら、このイランの要求が受け入れられる事態は想像しにくい。なぜなら、既述のように革命防衛隊がミサイル開発の主要な担い手であるからである。したがって、交渉は長引く。交渉が長引けば長引くほど、イランが核保有を可能にする時間は刻々と短くなる。こうしてイランの脅威は高まるが、実際にイランが核保有国となるかどうかは、実は未知数である。それは、核保有に至ってしまうことで、イランはインド、パキスタン、イスラエルという事実上の核保有国と対峙することになるからである。

イスラエル、インド、パキスタンが核保有をしている現実が片方にあるなか、中東ではイランのみに核開発関連の活動を禁止することは最初から最後まで限界がある。イスラエルとUAEがバハレーンとともに国交を回復している現在、イスラエルの核技術がUAEに移転され、やがてはサウディアラビアにも供与される可能性は小さくない。その意味では、中東の核化は残念ながら進んでいくのではないか。それがやがて中東における互いの核抑止になるのかどうか、国際社会が見守っていくことになる。

第3章　イスラームとジェンダー平等──平和な社会への希求

1　女性兵士とイスラーム

戦場で戦うのは男性の役割だというジェンダー概念が一般に存在する。それは、戦争という最大の暴力行為が男性の専売特許的なものだと捉える傾向があるからである。また、戦闘行為は男性の「男らしさ」あるいは「男性性」（いわゆるマスキュリニティ）の象徴的な行為だという考え方が固定概念として存在するのも確かである。戦争が起こると、兵士が敵対する相手国の女性をレイプする事件が必ずと言ってよいほど発生する。進行中のロシアによるウクライナへの軍事侵攻でも、ウクライナ人女性がロシア軍兵士からレイプされる事件が起こっている。

戦争への参加は、実際には後方支援的な方法などを含めると実は多様である。しかしながら、戦闘の最前線で女性が戦うことは歴史を振り返っても少ない。それゆえに、女性が戦闘に参加しているというニュースに、おのずと人びとは敏感になる。

イスラーム世界におけるジェンダーについて講演をすると、必ずといってよいほど一般の人たちから質問されることがある。それは、「イスラーム世界では女性が兵士として参加するのは宗教的、社会的に許容されているのか」という質問である。その背景には、アルカーイダというテロ組織が九・一一事件後、中東各地で勢力を拡大し、イラク、シリアなどで活躍する兵士のなかに女性がいることが時折報道されるようになったからであろう。

だが実際には、女性兵士は、イスラーム世界でのみ特有な現象ではない。世界各地で、女性が戦線に立つことはこれまでもあった。スリランカ国内の紛争下（一九八三〜二〇〇六年）で「タミール・イーラムの虎」と呼ばれたテロ組織やパレスチナ解放人民戦線（PFLP）の活動（一九六〇年代から七〇年代が中心）において、さらにはアルジェリアの独立戦争時（一九六八年）に活躍したアルジェリア民族解放戦線（FLN）の戦闘のなかにも女性兵士は存在していた。

このように女性が兵士として戦闘に参加するのは、歴史的にそれほど新しい現象ではない。にもかかわらず、ムスリムの女性兵士がことさらにメディアで取り上げられるのはなぜか。その背景には、アラブの春以後、中東諸国では治安が悪化したり、イラク、シリア、イエメンのように長期にわたる紛争や内戦が継続したりと、紛争や内戦そのものが多発している事情がある。そうした状況下、女性のなかにも兵士として参加している人たちが時折存在し、それがメディアで取り上げられることが増えたのである。

アラブの春以後、アサド政権への抗議デモが起こり、その後内戦化したシリアでは、二〇一四年にイスラーム国がシリアからイラクまで支配地域を拡大した。イスラーム国の兵士が女性をレイプしたり、人身売買したりする映像がテレビやインターネットで流れた。

他方、女性に対する残虐な行為を目にするのと同時に、イスラーム国の兵士に女性が混在していたり、イスラーム国と戦うイラク国内のクルド人勢力「ペシャーメルガ」に女性兵士が存在したりする光景をテレビ報道などで目にすることも増えた。

また、同じクルド人で、シリアを拠点とするクルド人民防衛隊（ＹＰＪ）のなかに女性旅団ＹＰＪという組織があり、二〇一三年に結成されたといわれている。彼女らは、二〇一四年のシリアにおいてイスラーム国が急激に勢力を拡大しつつあった状況下、果敢にイスラーム国と戦い、シリアの一部の地域をイスラーム国から解放したことで知られている。イスラーム国のイラク、シリアでの領土拡大に対し、国際社会はアメリカの主導で「テロとの闘い」を国際的なスローガンとして掲げていた。そうした背景から、ＹＰＪの女性防衛部隊はイスラーム国と戦い、シリア北部に自治による統治を可能にした地域を設立することに成功したとして、当時はなばなしく報じられたのである。

では、イスラームの宗教観、価値観、規範からみて、女性兵士は社会的にあるいは文化的に容認されているのであろうか。端的にいえば、イスラームは教義上、女性兵士を禁止してはいない。かといって、イスラームは女性が戦場に行くことを推奨しているわけでもない。では、この一〇年間、ムスリムの女性兵士の存在が目立つのはなぜか。

一つには、日本や欧米においてムスリム女性に対して、一種の固定観念があるためである。ムスリム女性は、一般に「父親や夫に従順で受け身であり、社会に出るよりは家のなかで家事や育児をする」というイメージがある。このイメージと結びついているのが、ムスリム女性のヴェール（アラビア語ではヒジャブ、ペルシャ語ではヘジャブ、以下はヘジャブと書く）である（詳細は次節で取り上げる）。ムスリム女性がヘジャブを着用しているがゆえに、女性の役割が第一義的に家庭内のみにあるという誤解を生みやすいようである。他方、女性は外に出ることは少なく、外出には男性の親族が一緒であることがイスラームの原則にあるという解釈が学者のあいだにも、人びとのあいだにも存在する。

実際には、メッカで始まったイスラームがアラビア半島を超え、世界各地に拡大する過程で、ムスリム女性が戦争の一端を担うことはあった。イスラーム初期の時代には、預言者ムハンマドがメディナに拠点を移したあと、メッカ軍と数度にわたる戦争をした。その際、ムスリム女性たちは男性の兵士たちの後方支援部隊として、水や食料の供給をしたり、負傷者のケアをしたりしたことはよく知られている。これも戦闘への参加とみなされるが、戦争の前線で戦ったどうかは諸説がある。

イランでは、一九七九年のイラン・イスラーム革命後一年足らずでイラン・イラク戦争が始まった。戦争は八年続いたが、戦争中イランでは、預言者ムハンマドの娘のファーティマが理想的なムスリム女性として讃えられた。ファーティマは、夫のアリー（シーア派ではムハンマドを後継する唯一のカリフ、シーア派では後継者と呼ばずに先導者——イマームーという）がウマイヤ朝の軍隊と戦っているあいだ、傷ついた兵士を介護し、戦地で必要な物資を運ぶことで、いわゆる「ジハード」（聖戦）に積極的に参加したという逸話が政府によって広報された。当時イランではファーティマが理想的なムスリム女性のシンボルとなったのである。実際に、イラン・イラク戦争時には女性兵士の軍事

写真３-１　イラン・イラク戦争時の女性兵士の軍事訓練（イランのイスラム広報センターの1991年当時のポスター）

訓練が実施されていた（写真３－１）。

　イラン革命より少しさかのぼれば、アルジェリア革命（一九六八年）では、女性が爆弾をチャドルの下に隠し持って運んでいたとメディアでは報じられた。しかしながら、イスラームの初期の時代でも、イラン・イラク戦争においても、ムスリム女性の参戦は後方支援に限られていた。あくまで男性の兵士へのサポート役を演じていたに過ぎない。こうした女性の役割が大きく変化したのは、「イスラーム国」がイラク、シリアで勢力を拡大し、自爆テロを行う人びとのなかに女性が出現してからのことである。

　とはいうものの、女性のテロリストは男性のテロリストに比べてきわめて例外的な存在であり、一握りの人数でしかない。中東イスラーム世界では、女性の身体に対して敬意を示し、とくに男性が女性の体に触れることは忌避される行為である。それゆえにセキュティチェックをする際も、女性に対してはつい甘くなる傾向があり、ムスリム女性のテロリストはそうした文化的な面を逆手にとっているともいわれている。

2　イスラームとヘジャブ（男女分離）

イスラーム世界の女性たちがまとうヘジャブは、上述のように、私たちのような外部の者からすると、女性の行動を拘束し、外出するのもままならないかのように見える。こうしたイメージによって、ヘジャブは女性の社会進出を阻むのではないかと考えがちである。

実際には、ヘジャブは男性と女性の空間を分けるという、社会的かつ文化的なパラダイムである。ではイスラーム世界では、公的空間は男性、私的空間は女性の空間だということになっているのであろうか。男性と女性の空間はどのように区別されているのであろうか。

イスラーム世界のヘジャブ（男女分離）

イスラーム世界では、ムスリム女性がスカーフをかぶったり、スカーフの着用と同時にお尻が隠れる上着やコートをまとっていたり、あるいはチャドルと呼ばれる黒い一枚布で体を覆っていたりと、体の線が出ない服装が目に留まる。その形態も色もきわめて多様であるが、こうした服装は、アラビア語ではヒジャブ、あるいはアバヤ、ペルシャ語ではヘジャブと呼ばれている。ヒジャブあるいはヘジャブの用語は、もともとパルダー（カーテンの意）という男性と女性の空間を区切るものに由来するといわれている。

女性は全身を覆うべきなのか、あるいは部分的でよいのかは、個人差や地域差がある。また、時と場所によってヘジャブの身に着け方を女性が選択している。同じ国家内でも、都市部と農村部では違っている。農業を営んでいる女性とオフィスで仕事をしている女性とでは、ヘジャブに差がある。また、世代によってもどこまで体の線をあらわにするかなど、きわめて多様であるのはいうまでもない。

アフガニスタンやヨルダンのように保守的な社会では、女性がチャドルやブルカと呼ばれる衣装で全身を覆うスタイルなどが見られる。それに対し、ひざ下まで隠れるコートのようなものを着用して軽くスカーフをかぶったヘジャブは、イランの都市部や欧米に居住するムスリム女性のあいだでよく見られる。

このようにヘジャブは多様である一方、ムスリム女性にとってのヘジャブは、イスラームへの信仰心やイスラーム的価値観と密接につながっているといわれている。では、どのような意味でイスラームに由来するのであろうか。ヘジャブがイスラーム的なものであるかどうかは、これまでさかんに議論されてきた。イスラームの聖典クルアーンにその源泉を見いだす見方が一般的であるが、それはクルアーンの二四章三〇節から三一節にかけての章句にあるとされている。

「神は信仰する男女に対しこう言う。視線を下げ、慎み深くあれ。女性に対し、外に表れるもの以外の美しさを目立たせないよう、そして胸まで垂れもので覆うように」（クルアーン二四：三〇－三一）

この章句は、女性をじっと見つめることはいけないと解釈されている。たしかに敬虔《けいけん》なムスリム男性は、筆者と話すときに直視せずにほかの方向を見ながら話す場合もある。また「美しさ」が何を指すのかは、イスラーム法学者のあいだで何世紀にもわたり論争が繰り広げられた。そのなかには、最低限のヘジャブは、頭から胸の部分が隠れるかぶりものをすることだという解釈もある。他方、女性の体の線全体がわからないような服装をするのが、女性の慎み深さを示すことになるという考え方もある。

また、クルアーンでは、ヘジャブの着用がどのような立場の人の前では不要であるか、あるいは必要であるか、という点を規定している。クルアーンでは、いわゆる「マフラム」の関係にある人の前では、ヘジャブは不要であるとしている。マフラムの関係とは、父親、兄弟、女性、幼い子どもや（性欲をもたない）高齢者など、婚姻関係をもつことが禁止されている関係を指す。逆にいえば、非マフラムの関係にある人とは婚姻関係が成立しうるため、そうした人の前ではヘジャブを着用し、男女間の性的交渉を婚外においては避けることが推奨されているという。つまり、婚姻関係によらない男女間の接触を避けることで、生まれた子どもの父親が誰かがはっきりするように、女性のヘジャブによって男女の空間を分離することが必要だと考えられている。ただしこれは原則である。

こうした発想には部族社会の価値観が反映されているという。イスラームが興った当時のアラビア半島のメッカ、そしてムハンマドが遷都したメディナは、商業都市へと変化する過渡期にあったが、部族社会の価値観や規範は残っていた。部族社会では家父長制が人間、社会関係の基軸となっており、父親から息子へと父権が代々受け継がれていると指摘されている。

他方、ヘジャブはイスラームに特有なものではなく、地中海世界ではイスラーム以前から存在していたという学説がある。レイラ・アフマド氏の研究によれば、ヘジャブは裕福な女性の象徴であり、社会的なステータスを表すものであったが、預言者ムハンマドが妻にヘジャブをするように促したため、それがほかの信者にとってのお手本になったといわれている。

つまり、ヘジャブはイスラーム以前から地中海世界にすでにあった慣習がイスラーム世界に取り込まれ、イスラーム的なものとされたという説が現在では有力である。またその根底には、家父長制社会の価値観があり、それが次世代の後継者は男性であるという社会制度を支えているのである。ヘジャブは、突きつめていえば、婚姻関係にない男女から子どもが生まれないことを期すためのものであるともいえる。これはどう実現できるのであろうか。

そのためには女性が見知らぬ男性と接触しなければよい、と考えるのはかなり極端な考え方である。男性と女性の空間を区別できれば、問題は起こらないと考える立場をとれば、ヘジャブを女性がまとっていればよいとも解される。こう考えれば、ヘジャブは必ずしも女性を家のなかに閉じ込めておくものでない。

他方、アフガニスタン、サウディアラビア、パキスタン、スーダンのように、部族社会の価値観が尊重されている国家では、ヘジャブをまとうこと、すなわち女性を外に出さないほうがよいと考えられる傾向が強い。そうした国家では、女性は外出の際には、父親や兄弟のような親族や、結婚後は夫と一緒に出かけるのがよい、という慣習が実際に残っている。女性は守られるべき性であるという価値観がそこにはある。だが、当の女性たちは、守られなくてもよい、もっと自由に自分の行きたいところに自分の意思で行きたいと考えている。筆者は、パキスタンでも、アフガニスタンでも、サウディアラビアでもそうした女性たちに多く出会った。

実際には、ヘジャブが国家法として強制されている国（たとえばイラン、サウディアラビア）や社会的な慣習から着用するのが普通だと考えられている国（アフガニスタンやパキスタンなど）など、ヘジャブのあり方は各国多様であり、それゆえに、ヘジャブと女性の行動の自由をめぐるせめぎ合いも、イスラーム世界ではさまざまなかたちで表れる。

イスラーム世界のなかでも保守的な人びとのあいだでは、初潮を迎える最低年齢を九歳くらいと考え、九歳を過ぎると大人の女性になると考えられている。大人になるということは、出産が可能であることを意味し、見知らぬ男性との関わりをなるべく避けるのがよい、ということになる。

そうした発想からは、小学校は共学でもよいが、中学校以上になれば共学はまずい、という論理になる。正確には小学校四年生までは共学でよいという考え方がアフガニスタンにはあるという。実際には、女性の教師が女子学生だけの教室で教育を行えばよく、それだけの女性教師の数はアフガニスタンには揃っているといわれている。にもかかわらず、ターリバーン勢力が、男女の空間の分離にこだわるのはなぜであろうか。そこには、「女性専用」という発想と規範が根強くある。それはイスラーム世界で理想的なものでもある。

女性専用という発想と規範

女性のヘジャブが男女の空間の分離にあり、その基準はマフラムの関係にあるか否かによることはすでに述べた。このマフラムの概念は、端的に言えば、親族か親族でないかという分類にもなるが、女性同士もまたマフラムの関係である。つまり、女性同士が婚姻関係をもつことは想定されていない。

マフラムの関係を社会的、公的空間で実現しようとすれば、女性がヘジャブをまとって、移動式のカーテンのように空間を分け隔てるか、もしくは、男性専用と女性専用の空間に仕切りを設けて区別された空間を設けるかのいずれかとなる。

その仕切りは、たとえば、イランやパキスタンやアフガニスタンでは、バスのなかに文字どおり黒いカーテンがあることに象徴されている。もちろん象徴のみならず、実際に前方が男性専用、後方が女性あるいは女性と同行している家族というように、空間を分けている。ただ、この仕切りはマフラムと非マフラムの関係の人びととを分けるものであるため、父親が幼い子どもの面倒を見るときは、妻と子どもと一緒に後部座席に乗り込むこともある。したがって、男性専用、女性専用というように仕切られているわけではないのである。ただし、女性専用もしくは女性の家族専用という考え方は根底にある。

女性専用銀行と女性専用公園

イスラーム世界には、女性専用の空間が存在する。女性専用銀行や女性専用公園がその例であり、制度化されている。そこでは、子ども連れの女性はいても、夫婦で子ども連れの親子はほとんど見られない。

女性専用銀行は、一九九七年の片倉もとこの先駆的な研究で、サウディアラビアがその先陣を切ったことが明らかにされている。サウディアラビアでは、一九七九年にアルシュマイシ市のアル・ラジュヒー銀行が、女性専用の店舗を設けている。女性専用銀行は、サウディアラビアのほか、アラブ首長国連邦（UAE）にもある。

女性専用銀行は、イスラーム的価値観やイスラーム金融の考え方が反映して設立されたイスラーム銀行が、女性の顧客を対象につくったものである。UAEでは、一九九八年頃から二〇〇三年、二〇〇四年頃に続々と女性専用銀行の店舗が増えた。これらの店舗は女性専用であるという面においては、男女分離を徹底した空間であるといえるが、単に男女分離という概念だけでは捉えられない面がある。それは、女性の雇用を促す国家政策と結びついているからである。

サウディアラビア、アラブ首長国連邦、カタールなどのいわゆるエネルギー産出国では、脱石油、脱天然ガス化を経済政策に掲げ、産業の多様化とりわけIT産業の促進を二〇〇〇年頃から打ち出した。それに伴い、これらの国々では、労働人口における現地人、すなわちサウディ人、UAE市民、カタール人を積極的に採用し、基幹産業の担い手とすることで、外国人労働力に依存する経済を立て直す政策が採用されてきた。

UAEでは外国人が人口の八五パーセント以上を占めるといわれ、教育を受けたUAEの国民が労働市場に十分に参入できていない現状がある。高い教育を受けた層のなかには女性が多く、出生率の低下とともに女性の高学歴化が進んだ。高学歴の女性を労働力として活用する政策の一環として、女性起業家の増加をめざしたのである。女性専用銀行は、女性が自由にかつ気楽に利用でき、起業のためのローンを組みやすい金融機関となっている。中東はラテン・アメリカやアフリカ諸国と比較しても女性の労働市場への参加率が低い。女性専用銀行は、こうした現状を打破するには有効な策として注目されてきた。

女性専用銀行はイランではいまだに設立されていないが、一九七九年のイラン革命後、銀行や官公庁などでは女性専用の窓口が続々と増えた。病院内での男女の診察における区別、女性専用タクシーの登場などはその一例である。こうした男女分離政策が加速化することにより、女性の専門職は、革命後今日までの四一年間に急増した。

女性の身体を診察するのは女医がよいという声は、欧州に移住したムスリムのあいだでもよく聞かれるが、イランでは国家政策として女性の医師や女性の医療技術者を増やすため、女子医大や看護師養成学校が、とくにイラン・イラク戦争後の戦後復興期に大都市で設立された。こうした男女分離政策による女性の就労率への貢献は、上述の湾岸諸国と同様、女性の力づけという観点から捉えることができる。

女性専用公園

女性専用公園は、イスラーム世界全体で見られるものではない。またイスラーム世界といっても、欧米のムスリムコミュニティでは、男女分離は公共の場で女性がヘジャブをまとうことによって確立している。女性専用公園は、筆者が知るかぎりでは、イラン、パキスタン、アフガニスタンに多く、サウディアラビアで設立されたのは二〇〇七年のことである。公園という公共の憩いの場である社会的空間は、これらの国家においては、男女混合か女性専用かの二つの形態が共存している。男女混合の公園は、文字どおり、男性でも女性でも誰でも行けるが、女性専用は、女性が単独もしくは女性同士で行くか、もしくは小さな子ども連れの女性が行くことができる。小さな子どもという場合、女の子であればもちろん年齢は問題にならないが、男の子の場合、何歳までかは明確な基準はない。

すでに述べたように、中東・イスラーム世界には、女の子がヘジャブをまとう年齢は初潮が始まる年齢、すなわち一般には九歳くらいであるという慣習的な考え方がある。その基準に照らすと、女の子は九歳になれば同年齢の男の子と一緒に遊ぶことができなくなる。こうした慣習を適用すれば、母親が女性専用公園に連れて行ける男の子の年齢も八歳以下くらいではないかと推定される。

しかしながら、実際には九歳になったら女の子がみなヘジャブを着用するわけではない。同じ国家内においても地域や家庭によって異なり、ヘジャブが法律で義務づけられていない場合は、家族や本人の意思で着用するかどうかが決まるなど、さまざまである。それと同様に、男子の女性専用公園への出入りについても明確な基準はない。

他方、女性専用公園が存在する国家や地域は、慣習や伝統あるいは国家政策によってその存立が重要視されているため、女の子をからかったり、遊び半分で女の子を殴ったりする年齢に達した男の子は、父親が男女混合公園の方に連れていくようになる。その意味では、女性専用公園に母親が連れていける男の子の年齢は、八歳以下というより、五歳から七歳以下のように見える。これは筆者の観察と経験的なものであり、おそらく明確な基準を探すのはむずかしい。

ただはっきりしているのは、「女性専用」という考え方が、イランではイラン革命後に出てきたのではないという点である。イランでは、女性の空間と男性の空間を家の内部でも分ける慣習はカージャール王朝の時代からあった。またイランでは、家の門扉にあるノッカーの様式は伝統的に男性・女性で異なっており、イランのカーシャーンでは現在でも男女別のノッカーが散見できる。

男性用のノッカーは棒状であり、それを使ってノックするとずしんと重い音がし、女性用のノッカーは円形で真ん中が抜けているため、ノックするのにあまり力がいらない。またその音も軽やかに響く。その音で、その家の住人は男性が来たか女性が来たかがわかり、女性だとわかると、門を開けるときに女性はヘジャブなしでよいということになる。

また男性の場合は、家に男性がいれば男性が出迎えることがよしとされ、来客の男性が家のどの部屋まで行けるかは、家族との関係性によって決まる。親族の場合は男女混合で面会できる部屋に案内されるが、マフラムでない男性の場合は、よほど親しい関係でないかぎり、女性の家族に会うことはない。

他方、来客が女性の場合は、女性の家族員のみならず家族全員に会う可能性は高い。来客の女性がその家庭の男性と知り合いであって訪問する場合には、ホストが父親や父親でない成人男性であれば（そもそも来客の女性との信頼関係が十分にある場合に家に招かれる）、家族構成員全員と会える。一般に家のなかでは、その家にいる女性がマフラムの関係にない男性との面会を避けることが最も重要な点であるため、女性が家に来たときはほとんど防衛的にはならないのである。

また、家の門から通される部屋までのあいだに、外部（ペルシャ語ではビールーニー）と内部（アンダーニー）の境界がはっきりしない中庭のような空間、日本でいえば縁側のような場所がある。ちょっとした訪問客であれば、門から中に入って家のなかに入る手前のところで、立ち話をして帰るという習慣である。

このように、マフラムの関係と非マフラムの関係がイスラーム世界では「私」と「公」の境界の重要な部分を構成しており、家の門の外と門から家の内部に至る中間的な空間は「公」から「私」の領域に入るいわば緩衝地帯のような存在である。家の場合には「門」や家の「ドア」が、「私」的空間としての内部とそれ以外の「公」、あるいは半分「公」のような緩衝地帯である空間とを隔てる機能を果たす。しかしながら、女性専用公園のような場合は、女性がその内部にいることが外からはわからないようにする社会的配慮が必要となる。

イランの女性専用公園では、とくに首都テヘランでは、高速道路の脇のようにふだんあまり使用されていない土地に立地していることが多く、高いフェンスで囲まれ、男女分離というよりは「隔離」に近い状況になっている場合が多々見られる。また公園の所在も公園の入り口も一見わからないことが多く、こうした「知る人ぞ知る」という設定は、ほぼ意図的な都市計画によるといわれている。門外から家のなかが見えないようになっているのと同様、女性専用の公園だとあからさまになってはいけないという社会通念がそこには見られる。

女性専用公園は、イランでは女性の健康を守るために、女性専用のスポーツ施設が必要であるという女性の側からの要求もあり、この数十年で増えたといわれている。公園では、ジョギングをしたり、バトミントンをしたりとスポーツに興じる女性も多いが、散歩したり、女子学生たちが集まっておしゃべりをする場として活用されている（写真3－2）。

写真3-2　テヘラン市の女性専用公園で散歩する女性たち（パルヴィーン・テリー撮影、2023年3月7日）

他方、女性たちのあいだでは、女性専用公園の存在については意見が割れている。女性専用にすることで男性からのハラスメントから女性が解放され、女性同士が自由に集う場所として歓迎する女性たちはいる。その一方で、女性専用という価値観を主流化すればするほど、女性を「守る性」として特別な存在として捉え、男性との生物学的、社会的な差異性を強調することになり、ジェンダー平等がなかなか実現しないことになるという意見もある。

イランでは娯楽といえば、映画館や劇場、美術館・博物館に行くくらいであるが、公園に行って散歩したり、ピクニックをしたりする文化は、イランがイスラーム化する以前のゾロアスター教の時代からある。

そうした公園文化のなかで、男女混合型の公園に加え、女性専用の公園が設けられているのは、それが女性の特別扱いの象徴であれ、守られる性としての女性の優遇策であれ、女性が家の外で家族、親族、友人たちと過ごす公的・社会的空間が、少なくとも男性よりも多い結果となっている。

3　イスラーム法と女性の権利

ムスリム女性の権利は、よくイスラームのせいで抑圧されていると報道される。この言説が本当なのかどうかを見る前に、イスラームが何を指すのか、今一度確認したほうがよいであろう。イスラームは唯一神アッラーへの絶対帰依を意味するとおり、一神教である。ほかの一神教、すなわちキリスト教やユダヤ教に宗教の意で「教」がつくのに、イスラーム教と呼ぶよりもイスラームと呼ぶのは、なぜであろうか。それは、イスラームは宗教的実践にのみ限定されないからである。イスラームはすでに述べたように、宗教であると同時に、世界観でもあり、価値観でもあり、生活様式でもあり、また政治、経済、社会制度でもある。

イスラームとシャリーア

このようにイスラームは一つの価値体系の総体であるといってもよい。そうした複合的かつ総合的な価値体系が政治、経済、社会制度を規定し、体系化されたもののなかにイスラーム法がある。イスラーム法はアラビア語で「シャリーア」と呼ばれており、イスラーム聖典クルアーンおよび預言者ムハンマドの言行録（アラビア語ではハディースと呼ばれる）を法源とする法体系である。ムスリムが多数居住している地域で、国家法として、慣習法として、あるいは道徳的、倫理的規範として実践されている。

学者のなかには、イスラーム法と呼ぶより、あえてシャリーアという呼称を使うほうが実態に即すると考えている人が多い。そのため、日本でもイスラーム法というよりシャリーアと呼ぶ人が近年増えてきた。では、なぜイスラーム法と呼ばずにシャリーアと呼ぶほうがよいのであろうか。「法」というと法律を指す。シャリーアが現代社会で適用されている法体系としては、民法、刑法、訴訟法、行政法などがある。ただしこれは、国家法としてシャリーアを適用している場合で、中東・イスラーム世界の諸国家やインドネシア、マレーシアといった東南アジアのムスリム多数派国家のすべてがシャリーアを国家法としているわけではない。むしろ、憲法でイスラームを国家の宗教と定めている国家であっても、憲法の法源にシャリーアを含めていない国家のほうが多い。

また、シャリーアはイスラームの世界観や価値観や規範など、欧米法における法という概念を超えたものを包含している。その意味で、イスラーム法という場合とシャリーアという場合では、ニュアンスが異なる。

シャリーアは本来、イスラーム教徒の共同体「ウンマ」において、預言者ムハンマドの後継者（カリフ）が共同体を指導することによって施行されるものだと考えられている。実際には、カリフはオスマン・トルコ帝国の崩壊後は存在していない。シリア内戦の過程で支配領域を拡大した「イスラーム国」の信奉者は、カリフ制の必然性を信じているかもしれないが、その考え方は例外である。

ムスリムのなかには、アンダーソンがいうような「想像の共同体」としてウンマが今もイスラーム世界の信者のあいだで存在すると考えている人びとがいる。ただしそれは理想的な社会としてのイメージであり、それを実現しようとする人びとはイスラーム主義者、あるいはイスラーム復興主義者である。彼らは、現代社会においてもシャリーアをできるだけ適用すべきだと考えている（この運動については第5章で述べる）。

このように、ムスリムが多数派を占める国家は、基本的に国民国家であり、国家を横断して統治権を行使するカリフはいないのである。さらに、シャリーアが今日、それぞれの国家においてどのような位置を占めるかは、国によって異なる。

では、中東・イスラーム世界の法制では、現在どの程度シャリーアを活用しているのか。

植民地化、脱植民地化、近代化とイスラーム世界の法制度

中東・イスラーム世界は、一八世紀から一九世紀にかけて西欧の植民地支配を経験した。植民地化された過程、そしてまた植民地からの独立という脱植民地化の過程で、国家法がシャリーアを法源としなくなる傾向があった。また、シャリーアが国家法に組み込まれる分野がごく一部になった。この傾向は、法の世俗化といわれる。シャリーアがイスラームという宗教色が強い法体系であるのに対し、西欧の法体系は国家と宗教の分離を前提としている。

岩隈道洋は、シャリーアをどのように国家法として採用しているのか（またはまったく採用していないのか）という観点から、ムスリム多数派国家を分類すると、次の四つに分けられるという。

第一に「古典的なイスラーム法の適用方法を維持している国家」で、サウディアラビアがこの分類に入る。サウディアラビアの国教はイスラームであり、憲法はクルアーンとスンナ（ムハンマドの言行録）とする、と憲法で規定されている。

第二に「元首制定法（勅令・大統領令等）を通してイスラーム法の実定化を行っている国家」であり、GCC諸国のうち、UAE、オマーン、カタール、クウェイトが相当する。

第三の分類は「議会制定法（法律）を通して、イスラーム法の実定化を行っている国家」であり、イラン・イスラーム共和国がこれに当たる。イランはシーア派国家であるが、スンニー派の国家であるエジプト、ヨルダン、バハレーン、チュニジア、モロッコ、パキスタンでも、議会制定法を制定する際にシャリーアを法源とすることが憲法上規定されている。

第四の分類として「限定的な地方または法分野においてイスラーム法の適用を認めている国家」を挙げている。その代表的な例はインドネシアで、通常裁判所と宗教裁判所の二つを並列して配置し、後者はムスリムの間の家族法およびイスラーム金融に関する紛争を管轄している。岩隈は最後に、「イスラーム文化圏だが、徹底した政教分離制を採用している国家」という分類を提示し、トルコがその代表格だと位置づけている。

シャリーアの最後の砦――家族法

これら五つの類型は、シャリーアの国家法への組みこまれ方や程度がいかに多様であるかを物語っている。しかしながら、実は共通点が一つある。それは、シャリーアが国家法として位置づけられているか否かにかかわらず、シャリーアが現在最も強く維持されている法の分野は、イスラーム家族法と呼ばれている分野であるという事実である。

実際には、イスラーム家族法という名称が法の名前となっている国はあまりない。だが、マレーシアとパキスタンには、家族法という名称の法律がある。マレーシアでは一九八七年四月に連邦直轄領・イスラーム家族法と呼ばれる法が施行された。また、一九八一年にはパキスタンでムスリム家族法という法律がズィアウルハック政権期のイスラーム化政策の一環で制定されている。

パキスタンやマレーシアのように、イスラーム家族法という法律が存在している国家の場合、植民地宗主国のイギリスの法体系の影響は家族に関する法律まで及ばなかった。植民地化や近代化の過程で欧米法が一部取り入れられたものの、家族に関する法的事項は、イスラームの伝統的な価値観が残ったからである。つまり、家族に関する法律は、シャリーアの支配を受け続けた。

他方、民法が制定されているエジプトやイランの場合は、近代化の過程で西欧の法体系が整備された結果、家族関連に関する法は民法の一分野として規定された。もう少しわかりやすくいうと、シャリーアには、どれが民法でどれが刑法でどれが商法というような分類はない。したがってエジプトやイランは近代化の過程で、こうした近代法の分類の法体系に移行したのである。これは一九三〇年代から七〇年代くらいまでのことであり、法の世俗化（ここでは宗教と法体系の分離の意味）が起こった。しかしイランとエジプトでは、法の世俗化に対する反動がその後起こる。

エジプトでは、一九六七年の第三次中東戦争後から一九八〇年代にかけて、イスラーム主義勢力によるイスラーム復興運動が起こった。イスラーム復興運動は、現代世界においてシャリーアを再度復活させ、社会の制度として適用することを要求する運動である。その結果、女性の権利はシャリーアの影響を再度受けることになり、エジプトでは女性の権利の平等を求める運動が八〇年代以降今日まで続いている。

話が少し複雑になったので、ここで再度整理してみよう。上述の第一の類型の場合、シャリーアは家族に関わる法だけでなく、すべての法に適用されている。他方、第二の類型から第四の類型に関しては、家族に関わる法は、それが民法であれ、イスラーム家族法であれ、ムスリム家族法であれ、シャリーアの解釈が適用されている。ただし、第二の分類の場合は、シャリーアが実定法となって以降今日まで、草の根レベルで女性の権利を拡大する運動はほとんど起こっていない。一部の女性が、たとえば陸上選手として参加できる種目が限られている現状を訴えたり、実際にヘジャブをまとって参加する過程で既存の規制を打ち破ったりする事例はある。ただそうした女性の声は、大衆運動には結びついていかなかった。それはほかならぬ国家体制の問題である。

第一の分類のサウディアラビアも、第二の分類のＵＡＥ、オマーン、カタール、クウェイトなどは、いずれも王政国家である。王政国家では、国体の維持のため、選挙制度や言論・報道の自由などいわゆる民主的な制度が十分に整備されていない。したがって、女性の権利に関する不平等に不満を抱く層が存在しても、王家が抑圧する政策に出ることが多い。

近年、サウディアラビアのムハンマド・ビン・サルマン皇太子は、若者層の支持を取り付けるために自由化政策を実行しはじめた。同国での女性の身分証明書の発行や運転免許の許可が注目されたのは、それだけこれまでの歴史にはなかった動きだからである。

四つの分類の国家群のなかで、女性の権利の問題が女性たちの手によって大衆化した運動として展開してきたのは、第三の分類の国家群である。エジプト、ヨルダン、バハレーン、チュニジア、モロッコ、パキスタン、それにイランである。また、第四の分類に入るトルコでは、女性運動は存在してきたが、エジプト、チュニジア、パキスタン、イランほど大衆化しなかった。トルコの場合は、概して国家主導の改革によって民法の改正が行われた。

現在、トルコとイランは、シャリーアが法体系に残っているかどうかという点で対照的である。では、この違いは歴史的にどのような経緯で生まれたのであろうか。

イランにおける法の近代化とシャリーア

イランの場合は、パーレヴィー朝のもとで一九三〇年代に近代化政策が開始され、ベルギー法を一つの法源とする近代的憲法が制定された。その過程で、イスラーム法学者（ウラマー）の政治的権力は弱体化したが、ワクフ（シャリーアで規定された公共施設の運営のための寄進）や宗教税による独自の収入源を国家経済とは独立したかたちで保持してきた。現代イランのウラマーの経済的権力は、一六世紀のサファヴィー朝以来の伝統に基づいているといわれている。

現代イランの民法は、パーレヴィー時代の一九二一年に制定された民法が基本的な部分では踏襲されており、シャリーアに基づく民法典となっている。よく誤解されていることであるが、イラン女性の権利は、家族法分野での不平等が一九七九年の革命を転機として変化したという主張がある。たしかに、女性の権利は革命後に大きく変化した。しかしながら、それは民法典が抜本的に世俗法からシャリーアの支配下に変化したためではない。

実際には、パーレヴィー朝においても完全にウラマーの権力を政治的に奪うことはできず、その結果、シャリーアが支配する民法典が形成されていた。その意味では、イラン女性にとっての家族法は、それぞれの時代に改正があったり、改悪があったりしたが、基本的にはシャリーアが適用された法典であった点は、パーレヴィー朝から現代まで継続している。かといって、女性の権利が革命後に変化しなかったわけではもちろんない（これについては後述する）。

トルコにおける法の世俗化

トルコは、先述の第五の類型である。トルコは、一九九〇年代に民法典においてシャリーアの適用を徹底的に排除したため、第一から第四の類型の国家とは異なる。トルコでは、家族関連の法が完全に欧米法に近いものとなり、イスラーム的価値や規範が入る余地がなくなったのである。トルコでは、一九三〇年代の近代化の過程で、欧米の近代法が取り入れられた。その過程で、いかにウラマーがシャリーアを解釈する独占的権利を弱め、政治体制を含む法体系の世俗化を試みるかが課題であった。

オスマン・トルコ帝国が崩壊し、新生トルコ共和国が一九二三年にケマル・アタチュルクのもとで建国された際、宗教権力を政治から切り離す「世俗主義」政策が採用された。ウラマーは政治権力をもつことは許されず、モスクや礼拝などの宗務に特化した活動のみに従事することとなり、宗務局は国家管理のもとに置かれた。

しかしながら、シャリーアの家族関係に与える影響は、トルコのような世俗国家においても現実には残っている。法体系にはシャリーアの影響はないが、イスラーム文化圏によくありがちな生活習慣や慣習として、伝統的なシャリーアの考え方が残っているからである。それゆえに、トルコのような世俗法を施行している国家においても、ジェンダー平等にはならない価値観や規範が人びとのなかで維持されている面がある。

4 シャリーアによる支配か、慣習法か

では、シャリーアが家族に関する法律に支配的になると、家族関係、社会関係を規定する法はどのようなものになるのであろうか。それは婚姻、離婚、遺産相続、子どもの親権など女性の権利に関わる法の問題である。欧米社会が「ムスリム女性はイスラームゆえに抑圧されている」とムスリム社会を批判するときに引き合いにされる男女不平等の法体系である。

ジェンダー平等になりにくい女性の権利は何か

女性に差別的な法律だといわれる代表格は、一夫多妻制である。大まかに中東北アフリカ諸国をながめると、一夫多妻制を禁止している中東北アフリカの諸国は、トルコとチュニジアの二ヵ国しかない。いいかえれば、トルコとチュニジア以外の国では、一夫多妻制は法的には許可されている。とはいうものの、実際に一夫多妻を実践している人びとは決して多くない。

一夫多妻制以外にも、女性の権利が男性の権利と同じにならない権利がある。その一つが女性の側から離婚を申し立てる権利である。シャリーアが支配的な法体系のなかでは、男性には一方的に

離婚を宣言するタラーク離婚（タラークは婚姻関係の解除）が認められているのに対し、女性にはその権利はない。このタラーク離婚は、シリアでは一九五三年にこの離婚を事実上否定する法改革が行われた。また、チュニジアでは一九五六年に法廷以外での離婚は無効となった。エジプトやイランでは、女性の側から離婚を申し立てることができるのは、一定の条件下のみである。

　イランでは、革命直後は女性の側から離婚を申し立てる権利が極度に制限されていた。革命後、ウラマーが「これがシャリーアだ」と解釈する権限が拡大したからである。一九九〇年代に入ってから、女性による権利の拡大を主張する運動が女性の弁護士や知識人によってさかんになり、女性の側から離婚することができる条件が増えた。条件の数は当初の五から七、その後は一二以上にまで増えている。

　このほか、男女平等にならない権利として、遺産相続権がある。一般に遺産相続は、シャリーアが適用されると女性は男性の二分の一である。中東・北アフリカ諸国のなかで女性の権利が最も男女平等に近い国はチュニジアである。そのチュニジアにおいてさえ、「相続における男女平等」の法案は二〇一八年に議会に提出されたが可決されず、今日に至っている。

　離婚した場合の子どもの親権についても、男女平等にはならない。子どもの親権を女性が離婚後どの程度行使できるかという点については、イスラーム世界では国によって異なる。一般に子どもが七歳になるまで離婚した女性が親権を得ることはできる国が多い。他方、女性が再婚した場合には親権を失うのも一般的である。また、離婚した女性の所得が元夫からの扶養手当しかない場合も、子どもの親権はないと見做される。

このように、女性の権利がシャリーアに基づいてイスラーム家族法や民法の規定に反映されると、ジェンダー平等にはならない傾向があることがわかる。

では、シャリーアそのものが女性の権利を差別的にしているのであろうか。答えはおそらくノーである。なぜなら、実際には、民法や家族法の規定に盛り込まれたものすべてが実行されているわけではないからである。

トルコのように、EU加盟をめざして、民法規定における女性の権利をすべて男性と同等にする改革をした国もある。でも実際にトルコ人女性の多くは、家父長制的な価値観や社会規範のなかで生活し、決して男性と同等の権利を行使しているとは限らない。たとえば、結婚後生活を共にする家は、民法上は夫か妻のいずれかの生活拠点を選択すると規定されている。

しかしながら、実際には夫の家に嫁ぐことを暗黙の了解で受け入れざるを得ない場合があるという。トルコの女性についての研究で著名なデニス・カンディオティが指摘しているように、家父長制的な価値観や規範が、あたかもイスラームの本質であるかのようにムスリムの宗教実践と結びつくことである。

家父長制の伝統が強い社会では、とくにその傾向は強い。その一例として、アフガニスタンにおける民法が実際にどのように規定され、どのように運用されているのかを取り上げてみよう。

女性の権利を阻むのはシャリーアなのか、慣習法なのか

今日のアフガニスタンは、ターリバーン勢力が政治権力を前政権より奪取し、

自ら「アフガニスタン・イスラーム首長国」の国名を名乗っている。二〇二一年八月の政変までは、アフガニスタンの国名は「アフガニスタン・イスラーム共和国」であった。一九七九年一二月のソ連のアフガニスタンへの軍事侵攻以来、この四十数年間の政治的、社会的、経済的な変化は著しい。ターリバーン政権が二〇二一年八月に復活して以来、アフガン女性の権利がさまざまな面で剝奪されていることがよく報道されるようになった。しかしながら、ターリバーンの復権によってシャリーアが復活したゆえに、女性は抑圧されているのであろうか。

アフガニスタンでは、一九六四年に近代的な憲法が制定されたが、シャリーアを完全に排除することはできなかった。当時の国王は、地方の有力部族による群雄割拠的な政治を終わらせることによって、いかに中央集権を実現していくかという点に精力を注いだ。また、民法典は一九七四年に制定されたが、憲法と同様にシャリーアに基づく法となっている。

アフガニスタンには地方ごとに有力者が存在し、有力者とつながりの深いカーディーと呼ばれる裁判官が法解釈と法の施行に力を発揮している。アフガニスタンは、シャリーアの学派でいえばハナフィー派であるが、地方の有力なカーディーが婚姻、離婚、相続関係のいわゆる家族法分野の法の遂行を仕切っているのである。これが実体法であるが、カーディーが「これがハナフィー派の法である」と判決をすれば、それがシャリーアだと人びとは理解し、従う傾向があるという。

問題は、それぞれのカーディーが解釈する法は、民法典に規定されている法とは異なることが多く、それゆえに法源はシャリーアとは限らない点である。国王が中央集権化を実現したかったのは、まさにこの問題に迫るためであった。いかに国家が法の執行を統一し、法学派のなかでもハナフィー派の正式な解釈を根づかせるかがアフガニスタンの近代化の根幹にあった。そして、この課題は現代にまで引き継がれている。

女性にどのような権利を認めるかは、アフガニスタンではいわゆる慣習法の支配する領域にあるといわれている。女性の婚姻や離婚、さらには遺産相続など、民法に規定されている女性の権利は、イスラーム法のハナフィー派の解釈に依拠している。ところが実際に人びとが実践している法は、ハナフィー派の解釈するシャリーアとは異なる場合がある。たとえば、女性の遺産相続がハナフィー派では男性の半分とされるが、慣習では半分にもなっていないことはよくあるという。

また、クルアーンに規定されているナファカ（生活費用）などは、ハナフィー派のシャリーア解釈では、離婚時に女性に対して支払われるべきものだとされている。しかしながら、アフガニスタンでは実際に女性に支払われることはほとんどないという。アフガン女性は、離婚後や夫に死別されたあと、女性の意思とは関係なく、再婚させられることが多い。ナファカの支払いなど慣行上想定されていないのである。つまり、女性は再婚によって生活が保障されるという価値観が社会通念として存在する。

シャリーアに基づく女性の権利として一般的に解釈されているもののなかに、婚約時あるいは婚姻時に女性に支払われる「婚資金」呼ばれるものがある。シャリーアの解釈では、この婚資金は女性に直接手渡されるべきものだとされている。しかしアフガニスタンでは、女性の父親が受け取ることが多い。女性は個人としての人格を認められにくい面がこうした慣行に表れる。

女性差別は、民法に規定されている権利以外の領域にもある。たとえばすべての国民が教育を受ける権利は、一九六四年憲法で規定上は保障されていた。だが実際には、児童婚などの伝統や伝統的な社会規範が残っている地域では、九歳で結婚させられる少女が存在する。少女婚を押し付けられた女の子は、小学校教育すら修了できない。

では、こうした問題はシャリーアがあるから起こっていると言ってよいのであろうか。シャリーアが支配的であるというよりは、貧困や家父長制、部族主義的社会通念などが影響していると考えたほうがよいであろう。シャリーアのためだと現地の人びとが信じていることが、実は伝統的な価値観や規範と結びついていることが多いからである。つまり、実際には慣習法が支配的なのである。その慣習法のなかにシャリーアとは必ずしも関係しない考え方や慣習があり、女性の権利に影響を及ぼしているのである。

イスラームとフェミニズム――フェミニズム運動の現在と将来

中東・イスラーム世界のなかで、エジプト、イランなどの国々に存在している。ただし、エジプトでもイランでも、フェミニズム運動はチュニジア、ジェンダー平等を希求する女性活動家たちは、フェミニストと呼ばれることに抵抗を示す。それは、フェミニズムが欧米の価値観であり、イスラームの価値観とは相容れないと考える伝統的な社会規範が根強く社会に残っているからである。

後述するアラブの春の先駆けとなったチュニジア革命は、女性の地位がほかのアラブ諸国より高く、また権利に対する意識が高いことが背景にあったと、宮地美恵子は指摘している。中東・北アフリカ諸国のなかで、チュニジアと並んで女性の権利への意識が高いのはイランである。

イランでフェミニズム運動が最も盛り上がりを見せたのは、二〇〇五年に当時の大統領が提案した家族法案に反対する運動が起こった時である。二〇〇五年三月、「ジェンダー平等」を求めてテヘラン大学前で起こったデモに端を発し、当時は男女合わせて約六〇〇名が参加したという。翌年二〇〇六年八月二七日には市内の中心にある広場で「女性の生活への法的影響」と題するパンフレットが配布され、五四人の女性活動家によって女性への差別的立法の撤回を求める運動が始まった。「百万人署名キャンペーン」と呼ばれる運動である。写真3－3は、このキャンペーンを主導した組織が当時、ネット上で公開したポスターである。ポスターには男女平等を象徴するものとして、男性と女性を表す錘《おもり》と秤《はかり》が描かれている。一般にイスラーム世界では、秤は公平さのシンボルであるが、ここでは錘が男性と女性の価値となっている点が興味深い。

このキャンペーンのパンフレットには、離婚権の男女平等、一夫多妻制と一時婚制度の廃止、青少年犯罪の年齢上限を男女ともに一八歳とすること、女性の国籍を自分の子どもに継承させる権利（その後、同年に法案可決で実現）、傷害事件および死亡事件に対する補償を男女平等にすること、遺産相続における男女平等、名誉の殺人の場合は犯罪者への刑罰を重くすること、証人としての価値を男女平等にすること、など八項目の要求が掲げられていた。

テヘランなど大都市の新興住宅街に住む中間層出身の女性が活動の担い手となり、二〇代から六〇代までの女性の幅広い支持を集め、イデオロギーと社会階層を超えた運動して展開した。この署名活動は、その後数年にわたり地下活動として発展した。このフェミニズムの運動は、二〇〇九年

写真３-３　百万人署名運動のポスター

出典：https://www.mei.edu/publications/informal-activism-and-new-subjectivity-authoritarian-settings-irans-new-activists

の大統領選挙時に起こった投票数の数え直し事件を契機に始まった「緑の運動」へと発展した。

緑の運動は、「アラブの春」に先行して起こったイランでの民主化要求の運動であった。「私たちの投じた票はどこに行ったのか」というスローガンとともに、数十万人ともいわれる人びとが、大統領選挙の投票の数え直しを求めて行進した。

この緑の運動は、結局、治安部隊によって流血を伴って鎮圧された。百万人署名運動と緑の運動の両方で指導的な役割を果たした女性活動家のなかには、二つの思想的潮流があった。

一つは、シャリーアがイランの国家法であるかぎり、女性の権利は保障されないという考え方である。世俗主義の立場をとる女性活動家の思想である。ここでいう世俗主義とは、シャリーアを完全に排除した法体系こそが女性の解放になるという立場である。アメリカに亡命したメランギーズ・カールがこの立場を代表していた。

それに対し、完全にシャリーアの適用を否定はせず、イスラームの枠組みのなかで女性の権利を再解釈することは可能であるという立場の女性たちもいた。その代表格は、一九九〇年代から今日まで断続的に女性雑誌を編集してきたショホラ・シェルカットである。緑の運動が政府によって鎮圧されたあと、多くの女性活動家たちは海外に逃れた。国内に残っている女性活動家たちはソーシャルメディアを駆使し、検閲を避けながら互いに女性の権利の拡大を訴え続けている。しかしながら、こうした地下活動的な女性たちの活動は当然ながら表面には現れない。

シェルカットは革命前からジャーナリストとして活躍していたが、一九九二年から政治論評誌『女性たち』を発行しはじめ、今日に至っている。途中、政府の検閲に遭い、発禁処分になったことが二回あるが、現在まで細々と出版活動を継続している。二〇一四年には『今日の女性たち』と改題して『女性たち』の雑誌を復刻している。女性を取り巻く政治的、経済的、社会・文化的環境をさまざまなテーマを取り上げることで、フェミニズムを前面には出さずに、女性の権利の拡大を主張し続けている。

『今日の女性たち』は、さまざまな角度から、現在のイランにおける女性の権利がいかに矛盾に満ちたものであるかを訴えている。たとえばイランの都市部では現在、若いカップルのあいだで同棲がひそかに流行している。シェルカットはこの社会現象を取り上げ、革命後イスラーム国家体制の強化とともに国家が推奨した「一時婚」（期限付きで婚姻関係を結ぶもので、一時間から九九年までの期間を双方が決めたうえで婚姻関係が成立したとする制度、シーア派のみに存在する婚姻制度）と同棲の違いと類似点を掘り下げる特集号を組み、二度目の発禁処分を受けた。

その特集号では、買い物帰りと見られる若いカップルが、ほぼ同じ大きさの袋を下げて隣り合って歩いている姿が表紙となっている（写真3-4）。これは「ジェンダー平等」を暗示しており、同棲関係にある男女間ではジェンダー役割分担が平等であるというメッセージが表現されている。

写真3-4　イランの女性雑誌『今日の女性たち』の特集号の表紙

その後、シェルカットの政治論評誌は、学術雑誌のような地味な体裁となり、気候変動による干ばつがもたらす水不足問題や児童婚（とくにイランでは少女婚）、ストリートチルドレンなどの社会問題、イランの開発問題を広く取り上げるようになった。ジェンダー平等といった国連の持続可能な開発目標に依拠しつつ、開発問題を女性の視点から描くことへと変化したのである。

イスラーム世界で女性に差別的な立法は、結婚年齢、離婚の申し立て、遺産相続などいくつかあることは先述のとおりである。この問題はイランでも同じである。そのなかで、重要な改正が近年行われた。国籍法上の女性差別の撤廃である。

国籍法は、一般に生地主義と血統主義があるが、イランの場合は父系血統主義の立場を採っている。つまり、父親の国籍が生まれた子どもの国籍を決定する。外国籍の夫とのあいだに生まれた子どもは、たとえイランで生まれてもイラン国籍にはならず、子どもは市民権をもたないまま成長していく法律となっていた。

イランには、一九七九年のソ連軍によるアフガニスタン侵攻およびその後の九・一一事件などを通じ、アフガン難民やアフガン人の移住労働者が常時最低一〇〇万人以上居住しているといわれている。

その数は最大時で三〇〇万人にのぼったという統計もある。また、二〇〇三年の対サッダーム戦争後、イラクでは政情が安定しなかったため、イランにはイラク人の難民も住んでいる。そうしたアフガニスタン人やイラク人男性とイラン人女性とのあいだに生まれた子どもは、イラン国籍を得ることができなかった。

こうした背景をもつ子どもたちに国籍を付与することは、子どもの人権という観点のみならず、女性の権利を拡大するうえでも必要なことであり、国籍法の改正はこれまでもイラン国会で議論されていた。その議論を盛り上げたのは、女性の国会議員団であった。もっとも、外国籍の父親とのあいだに生まれた子どもの国籍付与に関する法案は、二〇〇四年以来継続的に審議されたが、その後はほとんど進展しなかった。

シェルカットは、この問題を『今日の女性たち』の一つの号で取り上げた。国会議員への数々のインタビューを通じて、イラン国会での多様な議論を批判的に紹介した。無国籍の子どもがきちんとした統計もなく存在していることは、イランの安全保障問題であり、国籍付与は必要であるという意見や、国籍における父権主義は女性に対する権利阻害であるのみならず、子どもの人権問題であると強く主張してきた。

こうしたシェルカットのような、現代イランでは数少ない女性活動家たちの活動と女性の国会議員たちの異議申し立てが功を奏したのか、外国籍の父親から生まれた子どもにイラン国籍が付与される法案が、二〇一九年ついに可決した。シャリーアが国家法に組み込まれているイランのような国家では、ジェンダー平等を実現するのはむずかしい面がある。しかし、このように女性の権利のみならず子どもの権利にまで関わる国籍法が改正された意義は大きい。

では、イスラームとフェミニズムは両立するのであろうか。これは非常にむずかしい問題である。伝統的な価値観が社会に根強く存在している多くのイスラーム世界では、女性たちは国境を越えて社会的なネットワークを展開している。そこではソーシャルメディアの役割が大きい。フェミニストと自称する若い女性から、フェミニストと呼ばれることを忌避する四〇代、五〇代の女性活動家まで、フェミニズム運動に何らかのかたちで参加している女性たちは多い。そうした活動が時には実り、時には完全に弾圧されたりしつつ、フェミニズム運動は確実にイスラーム世界のなかで続いている。

部族的な社会慣習が根強く残っているアフガニスタンは、フェミニズム運動とは遠い国ではないかというイメージがある。それがいまや女性たちが声を大きくして、ターリバーン政権の政策を堂々と批判するようになった。中等教育での女子教育をいまだに許可しないターリバーン政権に対し、女子中学生や高校生が中心となって公然とデモ行進するに至った。女性たちは、二〇二一年八月に復活したターリバーン政権に敢然と立ち向かい、ジェンダー平等を強く訴えているのである。

ジェンダー平等を実現するのは、中東・イスラーム世界では容易ではない。非都市部に住む人びとのなかには、伝統的な考え方や価値観をよしとしている女性もいる。その一方で、若い世代の女性たちは、教育を受けたり就労したりする権利、自分の裁量で移動する権利は、すべて普遍的な権利であると考えている。そうした権利がイスラーム諸国にあろうとなかろうと、国際的人権上認められるべき権利だと彼女たちは主張している。

　そうした主張は、いまやインターネット上で展開されている。ムスリム女性たちは、中東、北アフリカ諸国の内外で、自らホームページを開設してジェンダー平等を訴え、国境を越えたグローバルな発信を行っているのである。

第4章　中東の民主化、経済発展とグローバル経済

1　中東の多様性とGCC諸国の特殊性

中東諸国の多様性──民族、言語、宗派

世界を地域別に分けて、それぞれの地域の動向をみるとき、中東・北アフリカ諸国は一つの地域として分類されている。たとえば世界銀行が、コロナ禍が始まって以来今日までの経済成長率の変化や今後の見通しに関する報告書を出す場合でも、中東・北アフリカは一つの地域として分類され、報告書が出版される。しかしながら、中東・北アフリカ諸国は、民族、言語、宗教、宗派、主要産業、経済規模、政治体制など、あらゆる点で多様である。

まず、民族で中東・北アフリカ諸国を概観すると、三つの民族から構成されている。人口が最も多いのがアラブである。以前はアラビア人と呼ばれていた人びとである。アラブは、言語に基づいた民族の分類であるが、アラビア語は中東と北アフリカで方言がいくつかある。そのため、たとえ

ば、エジプト人の話すアラビア語、シリア人の話すアラビア語、サウディアラビア人の話すアラビア語は少しずつ異なるという。

その次にトルコ系民族である。トルコ系民族は、トルコ共和国をはじめ、中央アジアのウズベキスタン、キルギスなど、タジキスタン共和国を除く国々にも存在している。コーカサス地方のアゼルバイジャン共和国や中国の新疆《しんきょう》ウイグル自治区に住む人びともトルコ系で、たとえばトルコ共和国のトルコ人とアゼルバイジャン人とウイグル人が会話をすると、互いに意思の疎通ができる。

筆者が名古屋大学にいたとき、実際にこの三者が語り合う場面に遭遇したことがある。新疆ウイグル自治区出身のウイグル人はウイグル語で、アゼルバイジャン共和国出身の留学生はアゼリー語(あるいはアゼルバイジャン語)で、トルコ共和国の留学生はトルコ語で話していたのである。どの程度互いに話がわかるのかと尋ねると、六割から七割は通じると答えた。このように、中東・北アフリカという地域圏を少し越えてユーラシアを言語の共通性から鳥瞰的に眺めると、欧州に近いトルコ共和国から中央アジアまで、トルコ系民族が一つの帯となって分布しているのがわかる。

トルコ系民族の人口に次ぐのがイラン系民族である。イラン系民族は、イラン・イスラーム共和国、アフガニスタン、中央アジアのタジキスタンで話されている言語がすべてイラン系言語であり、一体性がある。イランではペルシャ語、アフガニスタンではダリー語、タジキスタンではタジク語が話されている。互いに話をする場合、やはり六割程度は通じるという。

筆者がアフガン人留学生とペルシャ語で話すと、タジク系のアフガン人の話すダリー語のほうが、パシュトゥーン人の話すダリー語よりわかりやすいことがわかる。パシュトゥーン語もダリー語もインド・ヨーロッパ語族に入るが、パシュトゥーン人の話すダリー語にはパシュトゥ語の語彙《ごい》が多く含まれる。また、タジク系のアフガン人の場合は、ダリー語を話すといっても、そのことばが限りなくタジク語に近いという具合である。そもそも「ダリー語」という言語そのものが一つではないといってもよいのかもしれない。

このようにイラン系の言語である、ペルシャ語もタジク語もダリー語も、実はそれぞれのことばのなかで多様性がある。とはいうものの、アラビア語やトルコ語とは文法が異なり、言語の背景にある発想のしかたに差がある。アラビア語の語彙はペルシャ語にもダリー語にもタジク語にも入っているが、同じ単語でも意味が異なる場合もある。

では、中東を宗教と宗派の分布で見ると、どのようになるのであろうか。中東・北アフリカの主たる宗教は、イスラーム、ユダヤ教、キリスト教の三大宗教である。そのなかで最も人口が多いのがムスリムで、中東には総人口三億三六〇〇万人のうち、二億八千万人のムスリムがいる。総人口の八五パーセントである。

そのなかで、中東において人口分布上も宗教上も異色な国家はイスラエルである。イスラエルの人口は八九〇万人であるが、そのうちムスリムは約二割、八割がユダヤ教徒である。

ユダヤ教徒はほかの中東諸国にも散在するが、その人口はきわめて少ない。また、キリスト教徒の人口は二〇世紀初頭には人口の二割を占めていたが、現在では五パーセントに満たないといわれている。つまり、一六八〇万人程度ということになる。

イスラームにはスンニー派とシーア派の二つの宗派がある。スンニー派は、イスラームの四大法

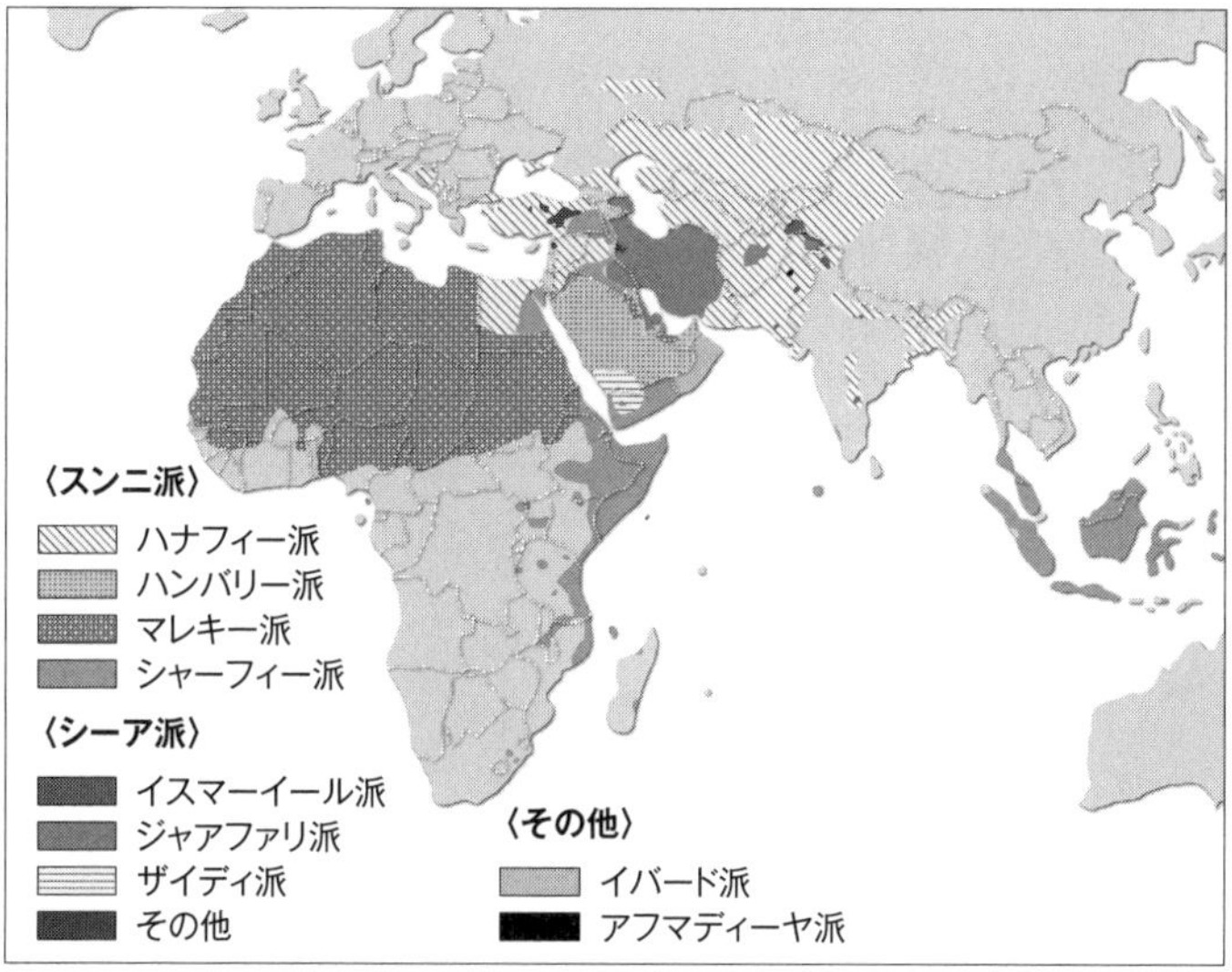

地図4-1　イスラームの宗派

出典：http://eritokyo.jp/independent/aoyama-col5835561.htm

学派、すなわちハナフィー派、ハンバリー派、マレキー派、シャーフィー派に分かれている。他方、シーア派にもイラン、イラクに集中しているジャアファリ派、その他にイスマーイール派やザイディ派などがあり、ザイディ派はイエメンなどアラビア半島の一部に点在している（地図4－1）。

　以上で概観したように、中東・イスラーム世界は、言語、民族、宗教、宗派など多くの点で多様である。この点はこれまでも多くの研究者が指摘したとおりである。中東・イスラーム地域を鳥瞰的に眺めると、同じ民族や同じ宗派に属する人びとが国境線とは関係なく分布しているということになる。中東・イスラーム世界で生活している人びとの視点から見ると、自分と同じ民族や部族が国境線の向こう側にも住んでいることが珍しくはないということになる。

第1章で中東・イスラーム地域ではなぜ紛争が絶えないのか、戦争や紛争が長期化するのかについて取り上げ、紛争や戦争はけっして民族や宗教などの多様性から来るアイデンティティの問題で起こるわけではないと説明した。紛争や戦争が起こるのは、政治的、経済的な利害関係ゆえに周辺国や大国からの介入があるからであり、その際にシーア派、スンニー派などの宗派の違いが悪用されたり、利用されたりしているのが現実である。

これは中東・イスラーム世界に限ったことではない。アフリカやコーカサス地域で起きている紛争の原因を見ても、同様のことがいえる。現在進行中のエチオピアの紛争も、首相であるオモロ民族と反対勢力の主要民族であるティグレ民族のあいだの民族対立のみが原因ではない。究極的には政治権力を誰が掌握するかという構図のなかでの対立が紛争に発展し、隣国のエリトレアの紛争への介入がさらに紛争を複雑にしている。

中東・イスラーム世界の多様性は、たしかに政治的、経済的な不安定要因の一つとして働くことはある。しかしながら、この世界がこれまで国際政治のなかで注目を浴びたのは、石油や天然ガスなどの資源に恵まれた地域であるがゆえである。日本は石油資源の八割以上を中東の産油国に依存しており、輸入先の多様化を図ろうとしつつも、実際にはあまり成功していない。

中東といえばオイルマネーということばが思い浮かぶ時代が一九七〇年代から一九九〇年代まで続いていた。アメリカの中東外交は、かつてはアメリカのエネルギー安全保障（後述）とアメリカの同盟国に対する石油の安定供給が一つの柱になっていた。アメリカの最も重要な同盟国はイスラエルである。

他方、アメリカは石油の自給度を高める政策転換を二〇〇〇年代から徐々に開始した。国際戦略研究所（IISS）が出版した二〇一八年の報告書によれば、アメリカの石油輸入依存率は、二〇〇六年一〇月の六〇パーセントをピークに、二〇一八年には一四パーセントにまで低下した。二〇一四年にはアメリカの石油輸入先の第一位がカナダになり、それ以前のサウディアラビアを凌《しの》いだ。その後、中東の石油への依存度は、オバマ政権期に急速に小さくなっていった。

アメリカの中東への石油依存度の低下と並び、湾岸諸国の経済に影響を与えているのは、地球温暖化問題への各国の取り組みである。今日、地球温暖化問題がグローバルな課題として国際的に取り上げられ、二酸化炭素の排出量を各国がいかに削減できるかが、世界的な課題になっている。すなわち、エネルギー資源を化石燃料から再生可能なエネルギーや原子力発電のようなクリーンなエネルギーにどう転換していけるのか、という課題がグローバルに重要となっている。こうした状況で、二一世紀の世界は脱炭素化社会の構築を模索する時代に入った。

化石燃料の採掘と搬出・輸出が主要な産業である中東のエネルギー資源国にとっては、脱炭素化社会へのグローバルな移行は、いまや国家経済の運営にとって深刻な課題となっている。では、中東・イスラーム世界は、こうした変化にどう対応してきたのか。中東・イスラーム世界のなかで、石油、天然ガスなどの化石燃料が豊富にあるのは、言うまでもなく湾岸諸国である。湾岸諸国は資源輸出型の経済に依存してきたが、今後経済のしくみをどう変えていくことができるのであろうか。

中東・北アフリカ諸国のなかで、エネルギー資源国は、ペルシャ湾岸に集中している。湾岸諸国は、イランやイラクを除き、GCC（Gulf Cooperation Council, 湾岸協力会議）諸国と呼ばれている。次に、エネルギー資源国が多いＧＣＣ諸国の特殊性について考えてみる。

　ＧＣＣは、一九七九年のイラン革命後に結成された。イラン革命によって王政は崩壊し、イラン・イスラーム共和国が誕生した。革命の指導者であり、共和国の最高指導者となったホメイニー師は、イスラームのシーア派の盟主として、周辺諸国に対し「革命の輸出」を外交政策の根幹に据えた。ペルシャ湾岸諸国の王政国家は、その影響を受けて王政が打倒されるリスクを避け、イランの脅威から湾岸諸国を防衛することを目的としてＧＣＣを結成したのである。サウディアラビア、クウェイト、バハレーン、カタール、アラブ首長国連邦（ＵＡＥ）、オマーンの六ヵ国から構成され、一九八一年に成立した。関税の撤廃や通貨の結合など経済的な共同体としての側面をもっている。

ＧＣＣ諸国の特殊性

　ＧＣＣ諸国の共通点は二つある。一つは前述のように王政国家である点、もう一つは石油、天然ガスの産出と輸出に依存した経済である点である。この二つの特徴は、実は密接につながっている。それを明らかにするために、まずは、エネルギー依存型経済とはどのようなものか見てみよう。

　エネルギー資源国は、一九七〇年代に流行していた用語では、レンティア国家と呼ばれる国々である。レンティアは、レントすなわち家賃、地代の意味である。これらは不労所得の代名詞のようなものであるが、希少性のある財がもつ特殊な価値を象徴し、中東の文脈でいえば、石油や天然ガスの資源がこれに当たる。

　いずれの資源も生産国が特定の地域や国家に限られているうえ、採掘資源であるため、一度採掘に投資して産出されれば、製造業と異なり、付加価値をつけることなく財として輸出することが可能である。得られた収入は国庫に直接流入し、国家の統制経済を支える。石油や天然ガス産業は、採掘に必要なコストとその維持に必要な資本投下によって支えられるため、国民の多くは所得税を支払うことなく、政府からサービスを提供される。それはほぼ贈与にも似たものだと指摘されている。ちなみに、サウディアラビア、UAE、オマーン、カタールなどには個人の所得税はないが、イランとイラクにはある。

中東におけるレンティア国家は、湾岸諸国のサウディアラビア、UAE、クウェイト、カタール、オマーン、バハレーン、それにイラン、イラクなどである。イランとイラクはいずれもペルシャ湾岸に臨む国家であるため、地理的にはペルシャ湾に面しているが、一般に湾岸諸国というときは、GCC諸国を指す。

GCC諸国とイラン、イラクとの大きな違いは、国内の外国人労働者の数である。UAE、カタール、クウェイトの三ヵ国では、表4-1にあるように、それぞれ一一・二パーセント、一二・二パーセント、三〇・八パーセントが当該諸国の国籍をもつ。つまり、UAEとカタールでは、外国人居住者や労働者が人口の九割近くを占めるといわれているが、正確な数字は公表されていない。また、クウェイトでは七割、バハレーン、オマーン、サウディアラビアの三ヵ国は、それぞれ四五・一パーセント、五四・七パーセント、六二・六パーセントが自国民であり、前に挙げた三ヵ国より自国民の人口比率が高い。それに対し、GCC加盟国でないイランとイラクでは、難民や移民を含めた外国人の人口は、二〇二〇年の国際移動機構（IOM）の統計では、それぞれ一パーセン

表 4 - 1　GCC諸国の国民・外国人人口の内訳（2017年）

国　名	国　民	外国人	合　計	外国人比率
クウェート	1,270,201	2,812,503	4,082,704	68.90%
バーレーン	677,506	823,610	1,501,116	54.90%
サウディアラビア	20,427,357	12,185,284	32,612,641	37.40%
カタール	n.d.	n.d.	2,668,415	n.d.
オマーン	2,540,254	2,102,267	4,642,521	45.30%

註：1）カタールとアラブ首長国連邦は国民と外国人の人口内訳を公表していない
　　2）アラブ首長国連邦は2016年統計。
出典：堀抜功二（2017）10頁

トに満たない。

この違いは何を物語るのであろうか。外国人居住者や労働者が多いということは、経済活動の一部あるいは多くを外国人に依存しているということになる。

では、外国人労働者への依存はなぜGCC諸国の特徴となったのか。堀抜は三つの理由を挙げている。第一に、人口がイランやイラクに比べてそれほど大きくない国家である点である。とくにUAEの人口は独立当初は一八万人しかいなかったため、国家開発のためのインフラなどの整備で外国人労働力に頼らざるを得なかったという。

第二に、石油や天然ガスのように一九七三年のオイルショック後に高騰した採掘資源を保有している点である。第三に、人的資源が国家経済を発展させていくうえで十分でなかったという。湾岸諸国では近代的な教育制度の整備が遅れ、国家エリートは欧米に留学し、その後本国に帰国しない場合が多い。

一九八四年の夏、筆者はカリフォルニア大学の大学院に入学する前の二ヵ月間、語学研修を受けていた。サウディアラビア出身の若者が二名、同じクラスで英語を勉強していた。彼らは王族の出身であったが、サウド家の王族がいかに石油収入を独占し、私服を肥やしているか、その腐敗ぶりを授業中に声高にプレゼンテーションした。

休み時間に彼らと話すと、「腐敗の激しい国に僕は帰りたくない、英語が流暢《りゅうちょう》になるまでアメリカで勉強して、大学に進学できたらアメリカに残る、両親はサウディアラビアにいるが、僕は仕事はアメリカでする」と語っていた。彼らの兄弟のなかには欧州に渡っている者もいるが、自分たちと同様にやはりサウディアラビアにはもどらない、とも言っていた。

また筆者が名古屋大学で教鞭を執っていたとき、クウェイト人の学生に論文指導したことがある。彼はちょっとした買い物も料理も何一つ自分ですることはなく、名古屋市内の大学で勉強しているほかのアラブの学生たちを使用人として雇用していた。名大で学位を取得したあとはロンドンを生活の拠点とし、その後数年はロンドンと本国を往復していたのを覚えている。

筆者が出会ったのはわずか数人であったが、欧米や日本に留学したあと、本国に戻らないのはそれほど珍しくないと欧米でよく聞く。一般化はできないが、この傾向は国内外の研究者のあいだでも共有されている。

つまり、サウディアラビアやUAE、カタールなどのエネルギー資源国では、高等教育を受けた自国民が自国に留まらないため、自国民の高度人材が不足してしまうのである。その影響は、国家建設に必要な行政官、テクノクラート、技術者、高等教育に従事する教員を自国民で確保できないという事態になる。

この問題は今日でもあまり解消されていない。ちなみにカタールの国際教育都市に行くと、いか

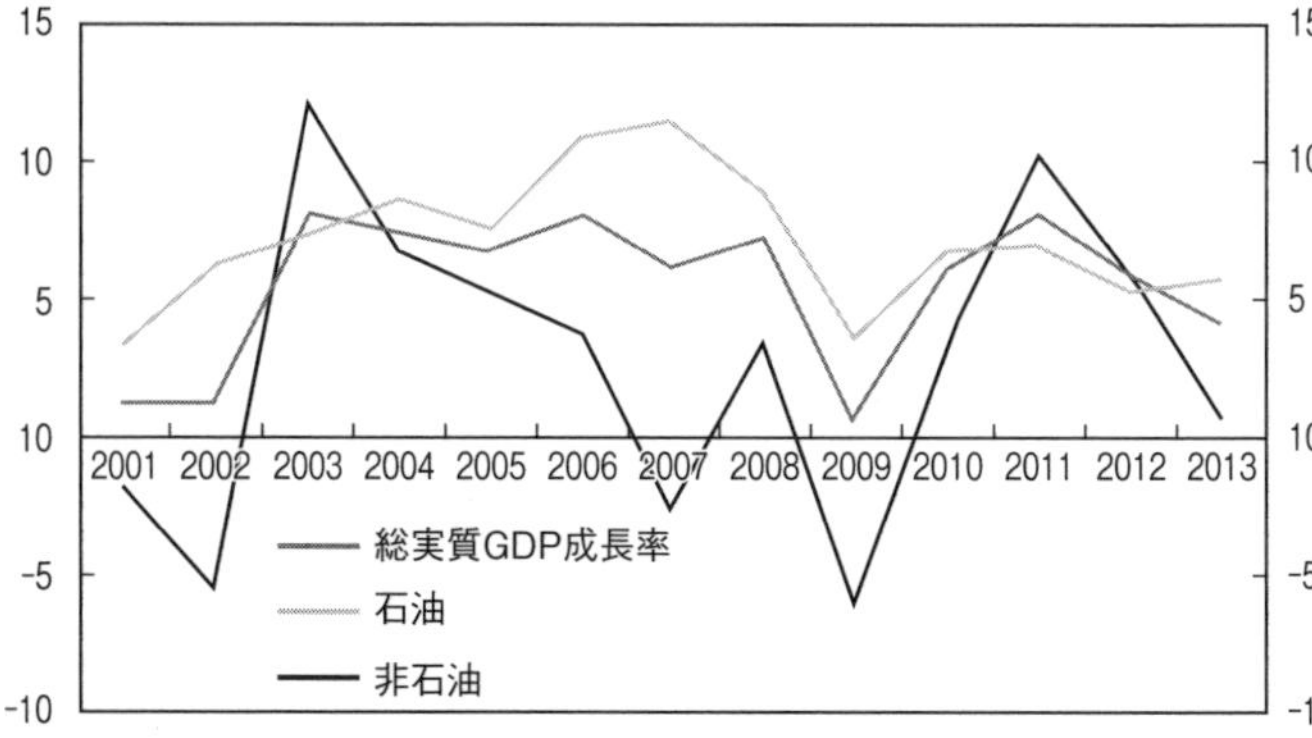

図4-1　2001〜2013年のGCC諸国の実質GNPの変動

出典：IMF Economic Diversification in the GCC: Past, Present, and the Future, 2014, p. 12.

にカタールが欧米の高度人材に依存しているかが見えてくる。カタールのドーハには、欧米の大学のカタールキャンパスが立ち並んでいる。そこで教員をしているのはカタール人ではなく、欧米の研究者や教育者である。

また、これらの大学で勉強している学生に占める女子学生の数は男性より多い。少しデータが古いが、二〇一四年六月一二日のドーハニュースによれば、カタールの大学で就学している学生は、男女比が一対二となっており、女子学生が男子学生の約二倍であるという。

湾岸諸国では、女性が海外に留学することについて、家庭内でも社会的にも抵抗感が強い。第3章で述べたように、守られるべき性としての女性が男性の親族を伴わずに単独で留学することは、イスラーム的価値観から逸脱しているという考え方が根強いからである。

UAE、サウディアラビアはともに労働人口の「自国民化」政策を二〇〇〇年代から導入してきた。しかしながら、統計上、外国人労働者の数は減少傾向にはない。その原因は、脱石油化政策の推進にあると堀抜は指摘する。UAEの場合は、とくに石油部門のGNPに占める割合が年々下がっており、建設やサービス業など労働集約型経済へシフトしている。

たしかに、UAEの場合は脱石油化政策がある程度は進展したといえるかもしれない。他方、IMF（国際通貨基金）の報告書によれば、UAEを除くGCC諸国では、実質GNPの年ごとの変動が図4－1のように推移したという。

このグラフが示すように、非石油部門は必ずしもその比率が着々と増加しているわけではない。また、実質GNPは石油部門が占める割合が一定である以上は、その影響下にあることも明らかである。つまり、石油部門のシェアゆえに、レンティア国家の別名である「資源の呪い」はいまだに存在し、非石油部門を順調に成長させることがいかに困難かを物語っている。

2　石油・ガス依存経済からの脱却は可能か

では、GCC諸国は石油部門を一定の比率で持ち続けながら、将来も同様の経済体制を維持していくのであろうか。アメリカが中東のエネルギー資源に対する依存度を減少させてきたのは、とくにこの一五年ほどのことである。それに代わって、中国やインドが中東の石油、天然ガスの大顧客となっている。他方、脱炭素化の波は、欧米の技術革新の後押しとともに、グローバルに押し寄せている。まず、脱炭素化の動向と化石燃料の需給について考察してみよう。

脱炭素化と化石燃料の需給――未来予測

国連気候変動枠組み条約第二六回締約国会議（COP26）が二〇二一年四月にスコットランドのグラスゴーで開催された。「脱炭素化」はこれまでも気候変動に関する諸会合で追求されてきたが、「カーボン・ニュートラル」（温室効果ガスの排出量と吸収量を均衡）を二〇五〇年までに実現することを各国の義務とする具体的な目標が掲げられた。気候変動を意識した脱炭素化の動きが今後進んだ場合、化石燃料の需要はどう変わっていくのであろうか。

ＩＭＦは、二〇二〇年九月、今後の石油需要がどう推移するかを三つのシナリオで描き、ＧＣＣ諸国の経済がどう変化するのかを報告書にまとめた。予測には必ず想定する事項や基準がある。まず、これらの予測がどのような基本データに基づいているかを見てみよう。

第一に、人口推移である。国連とＩＭＦが二〇二〇年時点で、世界主要一三五ヵ国について、今後一〇〇年間の人口の増減を計算し、それに基づいて一人当たりの所得を計算している。第二に、経済成長率である。これは、二〇一九年から二〇二四年の世界一三五ヵ国の経済成長率を平均一・八パーセントとし、今後も同様に推移すると仮定したものである。

第三に、石油価格である。石油価格は、紛争や戦争などの政治・経済的なリスクや、気候変動に関わる国際的な取り組みの進展の程度など、さまざまな要因の影響を受けることがわかっている。石油価格の変化やエネルギー効率の向上が、石油需給に大きな影響を与えることは言うまでもない。

したがって、第一と第二の条件は同じと仮定し、石油価格やエネルギー効率がどう推移するかについて、三つのシナリオを想定し、それぞれのシナリオで今後一〇〇年間の石油需給の推移とその経済的効果についてさまざまな予測を描き出している。

第一のシナリオでは、石油価格を一バーレル五五ドルと想定し、エネルギー効率が毎年二・五パーセントよくなると仮定している。この第一のシナリオは基準予測（ベンチマーク予測）と呼ばれるもので、世界の石油需要は二〇四一年にピークを迎えて日量一億一五〇〇万バーレルに達し、その後しだいに減少すると想定している。

第二のシナリオはエネルギー効率シナリオと呼ばれるものである。このシナリオでは、エネルギー効率の向上を三・二パーセントと仮定し（第一のシナリオより〇・七パーセント増）、石油価格は一バーレル三五ドルとしている。

第三のシナリオでは、地球温暖化の要因である温室効果ガスの排出量を削減すべく、いわゆる炭素税が二〇二四年に世界的に導入された場合の推移を予測している。産油国と消費国が炭素税をともに負担することになり、産油国側の石油価格は一バーレル三七ドルになるのに対し、消費国側にとっての石油価格は一バーレル五五ドルになると想定される。このシナリオは炭素税シナリオと呼ばれている。

脱炭素化の進展と将来の石油需給

では上述のような三つのシナリオに基づいて将来予測をした場合、石油需要の動向はＧＣＣ諸国にとって何を意味するのであろうか。また、ＧＣＣ諸国が打ち出している、脱石油化・脱天然ガス化などの経済・産業政策に対し、石油需給の変化は何をもたらすのであろうか。

まず、石油と天然ガスの需要は今後一〇〇年間にどう推移すると予測されているのか。図4－2と図4－3が示しているように、石油、天然ガスともに二〇二二年を境にいかなるシナリオにおいても需要は低迷し続けると予測されている。

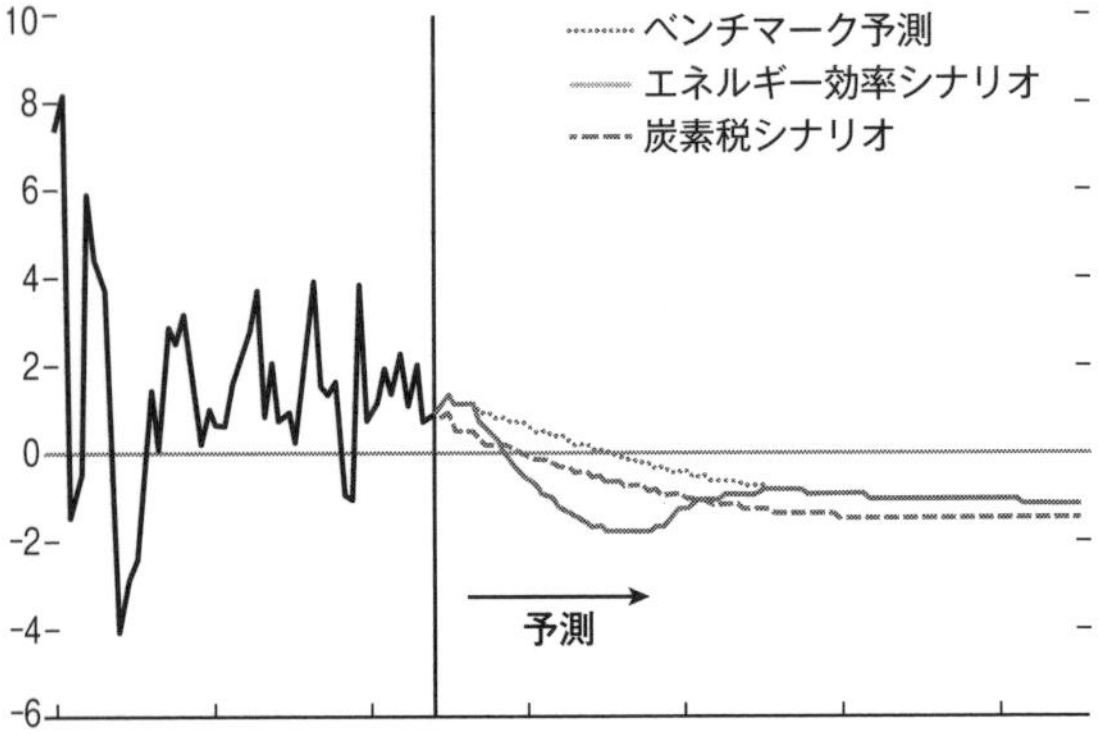

図4-2　石油需要の推移予測

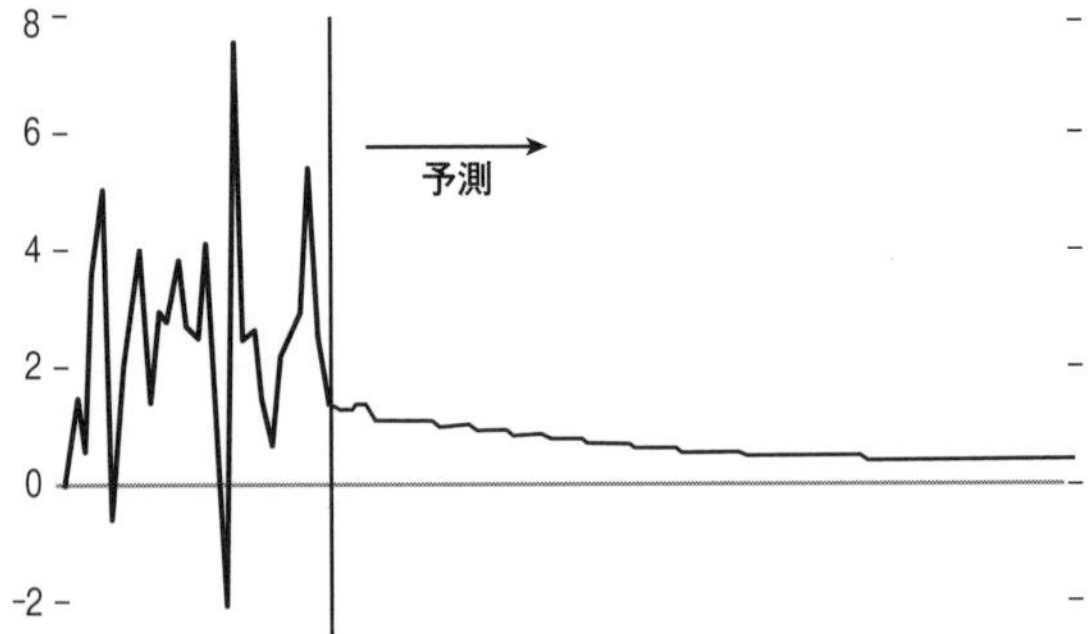

図4-3　天然ガスの推移予測

出典：IMF, The Future of Oil and Fiscal Sustainability in the GCC Region, 2020, p. 12.

GCC諸国の資源依存経済の持続性

では、化石燃料の輸出に依存している国家は、石油がどの程度の価格であれば、国家財政の収支が均衡しうるのか。

石油価格はさまざまな国際情勢のもとで推移するが、一定の価格以上でなければ財政収支が悪化する限界点となる石油価格がある。それは財政均衡原油価格と呼ばれるものである。それは国によっても、また同じ国でも時期によってさまざまである。

表4−2は、中東・北アフリカ産油国の財政原油価格の過去五年間の実績と予測を示したものである（この統計は二〇一九年の時点でのものであるため、二〇二〇年と二〇二一年は予測となっている）。

まず、財政均衡原油価格が突出して悪化しているのはイランである。トランプ政権期にイラン制裁が極度に強化されたことがその原因であると思われる。たしかにイラン経済は、二〇一九年以降、通貨リアルの急落も伴い、悪化の一途を辿った。財政均衡原油価格の予測が二〇二〇年と二〇二一年の両方ともにこの数値のとおりであるのなら、国家経済はデフォルトに陥っているはずであるが、実際にはそうなっていない。イランの場合は、経済制裁が史上最大といわれているなか、そこまでは効果を発揮していないということになる。興味深い現象であるが、ここでは立ち入らないことにする。

イランのケースは例外的な事象とし、ほかの資源国に目を向けてみよう。そのためには、この期間の原油価格がどのように推移したかを見る必要がある。

図4−4は二〇〇七年一二月から二〇一八年一一月までの原油価格の推移である。表4−2とは期間やデータの示し方が異なるため、各国の財政均衡原油価格と現実の原油価格がどの程度乖離《かいり》し

表4-2　中東・北アフリカ産油国の財政均衡原油価格　（単位：ドル/バレル）

国名	200-16	2017	2018	2019	2020	2021
	平均	実績	実績	実績	予測	予測
サウディアラビア	—	84	89	83	76	66
アラブ首長国連邦	48	62	64	67	69	61
クウエイト	—	46	54	53	61	60
バハレーン	76	113	118	106	96	84
カタール	45	51	48	45	40	37
オマーン	—	97	97	93	87	80
イラン	56	65	68	244	389	320
イラク	—	42	45	56	60	54
アルジェリア	—	91	101	105	157	109
リビア	81	103	69	48	58	70

出典：小宮山涼一「世界情勢の構造的変化とエネルギー（2）転機を迎える石油情勢」2021年、66頁の表を一部改変。

ているのかはわかりづらい。

ただし、二〇一四年から二〇一八年までの五年間は、二〇〇八年から二〇一三年までの五年間に比べ、概して原油価格が低迷していたことはわかる。また、図中の説明にあるように、中東の地政学的な変化が原油価格に影響していることも明らかである。

今後、脱炭素化が各国で進展した場合、上述のように石油価格は三五ドルから五五ドルとなることが予想されている一方、表4－2でこの数値の範囲に収まっている国はカタールのみである。イラクが二〇二〇年の予測で財政均衡原油価格が六〇ドルと近い水準であった。

しかし実際には、コロナ感染症拡大の影響で、二〇二〇年七月にはドバイ価格が二〇ドルにまで急落した。その後、二〇二一年一一月には八〇ドル台まで回復した。

健全な財政を維持するためには、表4－2にあるほとんどの資源国では、原油価格は一バーレル六〇ドル台から一〇八ドルまでの範囲内で維持されなければならないが、それは諸条件が重ならないかぎり、むずかしい。では、一般にはどのような条件が揃えば、原油価格は上述のような範囲で動くのか。

一つは、脱炭素化が進まなくなり、化石燃料の需要が継続する場合である。もう一つは、現在進行中のロシアによるウクライナへの軍事侵攻のような危機的状況が頻発する場合である。

現に、二〇二二年三月以降、ウクライナ戦争の影響で原油価格は一時は一二五ドルまで高騰したが、その後は一〇〇ドルから一二〇ドルのあいだで推移している。ただし、ウクライナ戦争のように、エネルギーの安全保障問題を喫緊の課題とするような事件が頻発するかどうかは疑問である。

いずれにせよ、エネルギー資源国の経済は、脱石油・天然ガス経済からの脱却を図っているが、なかなか成果は上がらない。資源国がそうした政策に着手して三〇年以上経過しているが、抜本的な経済構造の変化はあまり見られない。

エネルギー資源の高消費国――GCC諸国、イラン

エネルギー供給国であるGCC諸国やイランが抱えるエネルギー問題は、実はもう一つある。それは、自国内での石油、天然ガスの需要が高いことである。

なかでもサウディアラビアは、人口が三〇〇〇万人を超える大国であり、カタール、バハレーン、オマーンなどの人口が小さい国家より、絶対量の消費量が大きい。また、UAEは、アブダビが首長国のなかで唯一産油経済を牽引し、ほかの首長国の経済を支えている。他方、UAE全体での国

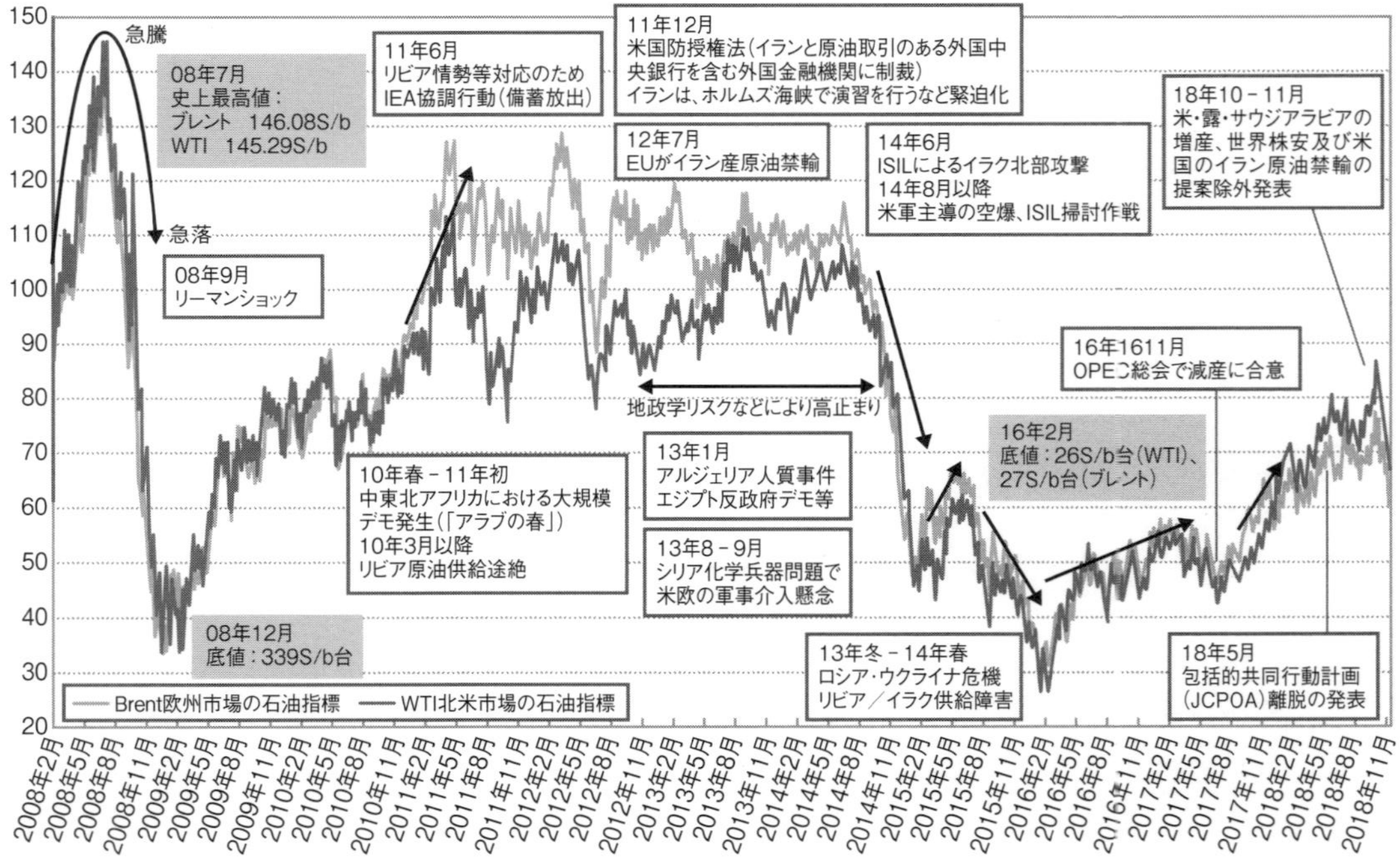

図 4 - 4　原油価格の推移（2007年12月～2018年11月）

出典：外務省『令和２年版外交青書』第３章３節。

内の石油消費量は大きく、また年々増加している。こうした産油国の傾向をデータで確認してみよう。

「ワールドメーター」というマクロ経済の二〇二一年九月のデータによれば、サウディアラビアは日量一二四〇万バーレルの石油を算出しているが、そのうち三三〇万バーレルが国内で消費されているという。アメリカの日量約一四〇〇万バーレルに次いで、世界第二位の石油の算出国である一方、国内消費は世界第六位なのである。

同じ統計によれば、イランは石油生産量では、第七位で約四三〇万バーレルだが、消費量では世界第一二位で約一八〇万バーレルが国内で消費されている。生産量に対する消費量は約四二パーセントに上り、サウディアラビアの約二八パーセントよりはるかに高い。

このように国内での石油消費量がイランとサウディアラビアで高いことは、脱石油依存型経済への移行に向けて大きな課題を抱えていることを示している。脱石油依存政策は、産油・ガス国が石油・天然ガスの輸出に依存した経済から脱却することをめざす政策であるが、国内での消費量がそもそも大きいとなれば、輸出以前の問題として消費量をどう削減していくのか、抜本的な政策が必要になる。

筆者が最初にイランに調査に行ったのが一九九一年のことであるが、その頃はイラン・イラク戦争が一九八八年まで八年間続いていたため、戦争の傷跡がさまざまなところで残っていた。戦争中に製油所が空爆を受けたため、原油の輸出には困らなくても、国内で消費する石油を精製するための精製所が不足していた。

そのため、電力不足が続き、計画停電が実施され、一日に五時間から八時間電気が止まることは珍しくなかった。その後はしばらくイランから遠のいていたが、一九九八年の冬に七年ぶりにイランを訪問して驚いたことがある。どの部屋も暑すぎるくらい暖房が効いているのである。それは高級住宅街の家やマンションに限ったことではなく、中産階級からさらに下の社会階層の人びとが住む簡素なアパートや家に行っても同様であった。

国内で消費される石油製品はガソリンを含め、政府の補助金で賄われ、人びとは節電など考えなくてよいほど恵まれていた。石油生産国の豊かさとはこういうものなのかと感じた。だがそれはいま考えると、自国の保有する豊かな資源を将来のことはあまり考えずに浪費してしまうという、石油資源国の悪癖ともいえる。

話をもどそう。脱炭素化社会を構築していくには、歳入の多様化、財政の合理化、民営化、労働の自国民化などが代表的な政策だと指摘されている。しかしながら、すでに本章第1節で取り上げたように、GCC諸国の外国人の比率は一般に高く、レンティア国家から抜け出せないかぎり、労働人口の自国民化はなかなか進まない。

財政の合理化については、サウディアラビアが「ビジョン2030」を打ち出し、産業の多様化をはじめとする財政の改善をめざしている。しかしながら、多くの専門家が指摘しているように、ビジョン2030で掲げられている目標は野心的なものが多く、どこまで脱炭素化社会の構築に迫ることができるのかは不透明である。

3　GCC以外のアラブ諸国――民主化と経済発展は両立するか

アラブの春以後の中東アラブ世界を概観すると、それぞれの国家は、政治・社会変動の度合いによって主として三つに分類される。第一は、エジプトやチュニジアのように体制転換が起こった国家である。第二は、反政府デモは起きたが比較的平和裏に鎮圧され、政治的、社会的、経済的な改革を実施することで体制の変化を免れた国家である。この分類にはモロッコ、ヨルダン、バハレーンが入る。

第三は、反政府デモから紛争に発展し、国外の諸勢力の介入により、内戦状況に至った国家である。シリアとイエメンがその代表である。反政府デモは一時的に起こったものの、それほど社会的な圧力を政府が受けなかった国家として、UAEやサウディアラビアが挙げられる。

このように、アラブの春以後の中東・北アフリカ諸国が経験した政治変動は多様である。アラブの春は、民主化を希求する人びとの社会運動であった。エジプトやチュニジアの人びとは、権威主義国家体制に対して、なぜ経済がよくならないのかという声を上げ、独裁政権を打倒した。

アラブの春を経験した国家のうち民主化に成功したのは、チュニジアくらいだといわれている。たしかに、チュニジアは最初の政権移行過程でイスラーム主義的政党が権力の中枢に入り、その後は連立政権を樹立し、政治的な不安定はいまだに続いているが、エジプトのように移行政権を軍がクーデターで軍政化するようなことはなかった。

他方、モロッコ、ヨルダン、バハレーンに共通するのは、すべて王政国家である点である。これらの王政国家は、政治、社会改革によって国民を懐柔し、王政を維持することができた。ただし、この三ヵ国の民主化の進展の程度を評価するのはむずかしい。

王政国家と共和制国家を較べた場合、公正な選挙の実施が期待されるのは、一般的には後者のほうである。国民の政治への参加という点では、王政国家であるかぎり、民主化の進展は小さいという評価になる。エジプトもチュニジアも、そしてシリアも共和制国家である点は共通している。だが、シリアのアサド政権をみればわかるように、共和制国家であるからといって、国民の意思が選挙で反映されるとは限らない。言論や報道の自由が保障されていないシリアでは、大統領選挙の投票率は常に九割を超え、大統領は事実上世襲制であり、選挙は形式に過ぎない。その意味では、政治体制によって民主化の度合いを測ることはできない。

このように中東アラブ世界では、国家の政治や経済体制が変化しくにい地域であり、逆に政治の変革を求めようとする民主化の要求がアラブの春のように起こったとしても、その実りは大きくない。それはなぜなのか。

アラブの春（民主化要求運動）の挫折——エジプトの事例から

アラブの春がほとんどの国で失敗したことは、いまやはっきりとしている。ではアラブの春とは、いったい何であったのか。この問いは、アラブの春が起こってから一〇年以上経過した現在、とくにアラブ社会の研究者によって問いかけられてきたが、その答えはまだはっきりとは出ていない。「アラブの春」と一言で言っても、実はその影響を受けた国家群はきわめて多様であることはすでに述べた。

他方、その発端となったのは、エジプトの「一月二五日革命」と、その直後のチュニジア革命である。また、エジプト、チュニジアの二つは、中東のなかで劇的な体制転換を遂げた国家である。チュニジアとエジプトを比較すると、チュニジアでは独裁体制の崩壊後に樹立された政権が十年間継続しているのに対し、エジプトではムルスィー政権が最初に樹立されてからわずか二年半のうちに、スィースィー政権という軍事政権がムルスィー政権を転覆した。

革命の成功に貢献した市民社会組織の指導者たちは、現政権が樹立されると次々に粛清された。言論の自由が規制され、ジャーナリスト、文学者、NGOの活動家たちは拘束されたり、禁固刑に処されたりした。簡単にいえば、独裁政権からの自由を求めた民衆運動は失敗に終わり、軍事政権はエジプト経済を回復させる能力を発揮できないまま、人びとの暮らしは窮乏化している。エジプトのアラブの春とその挫折がどのようにして起こったのか、見てみよう。

エジプト一月革命（二〇一一年一月）とその後

エジプトでの政権交代劇には世界が注目した。一つには、三八年という長期に及ぶムバラク政権が崩壊した政変だったためである。当時のアメリカの国務長官ヒラリー・クリントンは「独裁政権を打倒したエジプト革命は、民衆による民主主義の勝利である」という声明を出した。

たしかにムバラク政権に対する国民の不満は長年鬱積《うっせき》していた。とくにムバラク政権が力で抑え込んだのは、ムスリム同胞団というイスラーム復興主義組織であった。ムスリム同胞団は、エジプトが英国から独立する四半世紀前の一九二二年、ハッサン・アルバンナーというイスラーム思想家によって樹立された。

ムスリム同胞団のイスラーム改革思想は世界各地に伝播し、世界最大のムスリム人口を擁するインドネシアでの市民社会組織の形成にもつながった。一九三二年のムハンマディーヤの誕生である。また、ムスリム同胞団は、パレスチナではイスラエルの国家としての存在を認めず、反イスラエル闘争に終始している、人民解放組織ハマスの生みの親でもある。

一九四八年のイスラエルの建国をイギリスとともに後押ししたアメリカは、イスラエルとの特別な関係を今日まで維持している。イスラエルの国家承認を拒むハマスに対しては、アメリカはテロ組織と名指ししてきた。他方、イスラエルと一九八〇年に和平条約を締結したエジプトに対しては、アメリカは経済的、軍事的な支援を実施し、それはムバラク政権時代も続いていた。

その意味で、ムバラク政権の打倒にリーダーシップを発揮したムスリム同胞団の運動をアメリカが褒めたたえたのは、従来の経緯を知っている人びとにとっては驚きであった。ムスリム同胞団は欧米諸国によって、ある時は「イスラーム原理主義」者と呼ばれ、またある時は穏健なイスラーム主義者だと称されてきたからである。

話を戻そう。エジプトでは、たしかにムスリム同胞団がムバラク政権崩壊の大きな原動力となった。しかし、横田貴之が指摘しているように、革命は政治思想や世代や男女の違い、さらにはイスラームとキリスト教の違いを超えた価値観をもった民衆によるものであり、ムスリム同胞団のみが起こした革命ではなかった。

その意味で、ムバラク政権崩壊後政権を担ったムスリム同胞団を基盤とする「自由公正党」を与党とする政治変動をもたらしたのは、ムスリム同胞団の支持者のみではなかった。エジプトのコプト教徒(キリスト教の一派)や、ムスリム同胞団の世界観や社会観とは異なる考え方をもつ世俗的な市民社会組織が、革命の成就に向けて連帯したのである。とはいうものの、反ムバラク革命における民衆の動員力は、同胞団が長年培った活動から来るものであった。

ムスリム同胞団の活動の一端には、イスラーム的な社会福祉の実現をめざす活動がある。同胞団は、都市の貧困層への無料あるいは低額の教育および医療活動を実践し、慈善団体としての活動をエジプトのみならず、パレスチナ、ヨルダン、シリアなど中東各地で展開してきた。反ムバラク革命では、こうした長年の草の根的な活動が功を奏し、都市の中間層から貧困層のなかで同胞団への支持者が重要な役割を果たした。同胞団は、民衆の動員力で卓越した勢いを見せたのである。それが自由公正党の結成とその後の合法的選挙での勝利につながった。言うまでもなく、ムスリム同胞団系の政党が与党となったことはエジプト史上初めてのことであった。

だが、選挙で勝利したムルスィー政権は、その後大きな問題に直面した。

イスラーム主義政党による政権誕生と挫折

同胞団は、ナーセル大統領のエジプト革命後から二〇一一年のエジプト革命に至るまで、時々の政権と微妙な緊張関係をもちながら活動していた。同胞団は、選挙活動や法制度の再イスラーム化をめざす政治的かつ社会的な市民社会活動を通じて、時々の政権とはある時は対立し、ある時は協調した。国会の議席数を伸ばした時期もあった。二〇〇五年の人民議会選挙では、四四四議席のうち八八議席を獲得した。

他方、二〇一〇年一一月から一二月にかけて実施された議会選挙では、ムバラク大統領が同胞団の議席獲得を阻止すべく弾圧と不正を行い、結果的に同胞団は一議席しか獲得できなかった。この選挙は二〇一一年のエジプト政変を引き起こす契機となった。その意味では、エジプト革命は、同胞団のムバラク独裁政権への復讐でもあった。

自由公正党の党首となり、政権を掌握したムルスィー大統領は、憲法改正を手掛けた。しかし、その改正プロセスで、世俗派の市民社会組織の活動家やその支持者、ムスリム同胞団の支持者から不満が噴出した。

ここでは詳細は述べないが、端的にいえば、憲法の草案に、宗教指導者のウラマーの政治権力を強化する条項や、シャリーアの名のもとに女性の権利の一部を剝奪する条項が盛り込まれていたことが大きな原因であった。

ムスリム同胞団系の政党が与党となったのはエジプト史上初めてのことであった。草の根的な市民社会組織としての活動では成果を上げたが、常に野党であった政党であり、政権の運営能力に限界があったことは否めない。このため旧弊を打破するには至らず、憲法草案の起草で妥協を余儀なくされたのである。それはまさに反ムバラク革命でエジプト人たちが一体となってめざした「包摂的な社会」(inclusive society) の実現から遠い政治を実施してしまったことになる。

また、エジプト経済が沈滞したままであったことも一つの要因であった。ただし、エジプトは過去数十年間に経済的な危機を繰り返し経験していた。それを考えると、ムルスィー政権期の経済的混乱がほかの経済危機と比べて著しく深刻であったかどうかはわからない。

民衆が蜂起するのは、人びとの期待感が高まり、その期待に政権が短期間に応えられないときに起こるといわれている。人びとの政権への期待が大きくなると、人びとは拙速になる。すぐに目の前の生活の向上を政権に迫る。政変の前後では、当然ながら、新たに発足したばかりの政権は抜本的な経済改革をすぐには実施できない。人びとの不満がムルスィー政権に一気に向けられると、さらなる政変が起こった。二〇一三年七月、軍のクーデターでムルスィー政権は崩壊してしまったのである。政権獲得から一三ヵ月後のことである。

軍のクーデターが成功した背景には、エジプトを取り巻く外在的な環境もあるが、ここではむしろ国内の要因をさらに探ってみる。チュニジアの革命もエジプトの革命も、一般には市民革命として注目された。

チュニジアでは現在も共和国体制を維持しているため、その意味ではチュニジア革命がもたらした政治改革は完全に失敗したとはいえない。ただ、これもエジプトとの比較においてである。

チュニジア革命への評価はいまだに分かれる。チュニジアの場合もエジプトの場合も、革命が成就された直後は、独裁政治に対する市民の蜂起が市民革命をもたらしたと評価された。だが、問題は、革命後の社会がどこまで革命でめざした政治を持続的に実現できるかである。

イスラーム的市民社会論と市民革命

次に、中東における市民社会あるいは市民革命という用語の「市民」とはいったい誰が担い手なのかという問いかけをしてみたい。そのためには市民社会とは何かを明らかにする必要がある。ただし、市民社会の概念は古代ギリシャまでさかのぼるといわれており、その後の近代から現代にかけて、さかんに議論されてきたため、その概念の定義付けは大変な作業になる。

近代の市民社会論では、市民社会はブルジョア社会を指すとされているが、現代では、市民を富裕層や知識人に限定せず、一般大衆や生活者も含むといわれている。また、政治的な側面から見ると、国家権力からどの程度独立または依存し、政治的な参加を果たすかという視点が市民社会論では重要だという。さらに、社会は、国家・市場・市民社会の三つから構成され、国家や市場は、一定の裁量権をもちつつ、人びとが集まり、公共の空間が形成されたものを指すといわれている。

中東の政治的、経済的な文脈でいえば、人びとがいかに政治参加を果たすことができるかという点が注目されてきた。中東・北アフリカ諸国のうち、七ヵ国が王政国家であり、定期的かつ公正な選挙が実施されていない国家は多い。言論や報道、出版の自由が保障されていない国家が王政国家に限らず多いことも、この地域の特徴である。それゆえに、中東・北アフリカ諸国がどのように民主化を進展させていくのか、人びとは民主化への要求をどのように展開していくのか、という意味とほぼ同じ意味で、市民社会を構築する意義が人びとのあいだで議論されてきた。

アラブの春以後は、その始まりがチュニジアであったことから、なぜチュニジアなのかが、研究者のあいだで議論された。私市正年は、市民社会の概念がもともと西洋社会の脱宗教化に起源があることに注目し、チュニジアで脱イスラーム化の動きがあったことに由来すると説明した。

　エジプトの場合は、アラブの春でムバラク独裁体制を打倒したのがムスリム同胞団というイスラーム主義勢力であった。アラブの春は、中東・北アフリカにおける市民革命であると評価するアラブ研究者が国内外で多かった。他方、民主化を希求する人びとの運動に対して、国家がどう対応したかはさまざまであった。そのため、ここでは筆者が当時フィールド調査を行ったエジプトを例に、市民とは誰かという本質的な問い直しをしてみたい。

写真4-1　カイロのタハリール広場の立て看板
出典：筆者撮影（2011年3月27日）

　筆者は、二〇一一年三月中旬から四月上旬にかけて約三週間、トルコ、レバノン、エジプト、ヨルダン、パレスチナの地を訪れた。激変する地域は自分の目で確かめないとわからないと考え、思い切って出かけた。ムスリム同胞団のカイロ市内およびその近郊の拠点やコプト教徒の市民団体、カイロ人権協会などを回って、若い活動家たちにインタビューした。

　ムスリム同胞団のメンバーたちは、長年苦しめられてきた独裁者をつい

写真４-２　カイロ近郊のハッガーナ地区
筆者撮影（2011年３月29日）

に打倒できたことに喜びを隠せず、「これからは、ムスリム同胞団の樹立する政党が中心となってエジプト政治をつくりあげるのだ」と意気揚々と語っていた。こうした若い活動家たちの意気込みは、革命直後タハリール広場を埋め尽くしていた立て看板に表れていた。

　同胞団のメンバーではない女性活動家にも多く出会った。そのうちの一人は「私はイスラーム主義の思想には傾倒していないが、イスラーム教徒としてのアイデンティティはある。でも、ヘジャブはかぶらない」と語っていた。彼女らはムスリム同胞団のメンバーではなく、世俗主義的な立場を採るＮＧＯで活動していた。

　そのような層の多くは、イギリス、フランスに留学中に一時帰国して、反政府デモに参加したという二〇代、三〇代の知識人であった。エジプトで政変が起こりつつある、政治の大転換が起ころうとしていると感じて、革命の二ヵ月前にカイロに帰ってきたという。

　こうした活動家たちは、カイロ人権協会のようなイスラーム色のない人権団体のメンバーたちが多く、憲法起草や政策決定の過程でいかに自分たちの声を反映させていくかに懸命であった。ムルスィー政権の憲法草案には、国際的人権基準に合わない条項が入りつつあり、そうした条項を排除するための運動を展開していた。NGO組織同士が連携し、政府草案に対抗する草案を作成していた。市民社会とNGOは同義に使われることもあるほど、民主化過程でNGOの果たす役割は大きい。

他方で、エジプト革命が、市民革命とか民衆革命という名称で呼ばれていることが、本当に正しいのか疑問を抱いた場面もあった。それはカイロ郊外のハッガーナ地区という、都市開発に取り残された地域に行った時のことであった。いわゆる貧困層が居住している地域で、日本政府の草の根支援活動の一環で、上下水道整備事業の対象地域になっていた。電気は通っていたが、住民が自分たちで電線を違法に張り巡らして、電気を使っていた。つまり、公式には電気の供給がない地域であった。

水道施設も各住戸には配備されておらず、それゆえに日本の無償支援で整備する対象地域に選定されたのである。道路にはごみが方々に散在し、食べるものに不自由している人びとも多くいた。ローカルNGOのなかには、この地域に生活物資の供給を実施している組織があったが、失業者で溢れていた。

ハッガーナ地区の人びとは、一月二五日革命のことなどまったく知らなかった。わずか一キロしか離れていない向こう側には、公共インフラに事欠かず、普通に暮らしている人びとがいた。政治論争に参加し、革命後にどのような政権が発足するのか興味津々の人びとが住んでいた。

ハッガーナ地域の住民のなかには識字ができない人びとや、携帯電話を持たない人も多かった。彼らは、カイロ中心部ではSNSを用いて互いにメッセージを送り合っていることも、それを使ってデモの参加日時が調整されていることも、そもそも大衆デモがそうした人びとによって展開されていることもまったく知らずに生活していた。

つまり、エジプトの革命が市民革命、あるいは民衆革命だといわれていても、その「民衆」とは誰であるかが問題である。エジプトのみならず、中東・北アフリカ地域では、過去数十年間にいわゆる中間層は飛躍的に増えたといわれている。だが他方では、都市のスラム街に住む人びとが取り残された存在として、政治社会変動とは無縁なところで生活してきた。その意味で、そうした人びとはエジプトにおいて市民にも民衆にもなることができなかったのではないか。

民主化と経済発展の関係

これまで述べてきたように、チュニジア以外の国家では、民主化はほぼ失敗に終わった。ある国の民主化度を測る指標として国際的によく使われているのは、フリーダムハウスの指標である。この指標で中東・北アフリカ諸国を概観すると、「自由である」の判定を得たのはチュニジアのみであることがわかる。つまり、チュニジア以外の国家は、アラブの春以後もおしなべて「自由でない」国家群に留まった。客観的な数値でも民主化が進まなかったことがわかる。

では、民主化がうまくいかないと経済発展もないのか。民主化と経済発展の関係については、これまでに多くの議論がある。民主化の過程は、とかく政治的に不安定となり、過渡期には経済発展が困難であるといわれている。また、経済発展を実現するのに、民主化は必ずしもその条件ではないことは、中国の例をみれば明らかである。

結論からいうと、王政国家がいまだに八ヵ国もある中東・北アフリカ地域は、冷戦後の「第三の波」といわれた各地の民主化の動きから取り残された。「第三の波」は、サミュエル・ハンティントンが民主主義体制への移行について、第一、第二、第三の民主化の波と称し、世界各地の動向を位置づけた議論である。その後も民主化論は、アジア諸国や旧東欧諸国での民主化やラテン・アメリカ諸国の民主化の進展とともに、中東での民主化が進むのか、一九九〇年代には注目されていた。しかしながら、実際には王政国家は継続し、エジプトとチュニジアの独裁政権はアラブの春の二〇一一年まで打倒されることはなかった。

他方、民主化と経済発展の関係は、必ずしも直線的ではないといわれている。民主化の動きが進んでも、制度面で安定するまでには時間がかかり、過渡期はとかく経済は成長しないという。逆に、経済発展は達成されても、中国のように政治的権利や報道や言論の自由などを容認しない国家体制が維持される場合もある。

では、民主化が必ずしも経済発展の進展の要件でないとすれば、民主化が進まなかったアラブ諸国では、アラブの春以後、経済成長率はどのように推移したのか。

表4－3から経済成長の推移をみると、二〇一四年から二〇一七年のあいだに成長率が改善された国家は、エジプトとモロッコのみである。一定の民主化には成功したと評価されているチュニジアでさえ、経済成長率はこの三年間に一パーセント台から二パーセント台と低迷したままである。

産油国のクウェイトもオマーンも、二〇一四年から二〇一七年は、石油価格の低迷のせいか、経済成長率は二〇一七年まで徐々に下がった。他方、エジプトはアラブの春以後は軍政になり、モロッコは王政のままであるが、この二ヵ国の経済成長率は二〇一七年に四パーヤント台にまで回復している。この背景には経済成長を促す外資の存在があるが、これについては後述する。

さらに表4－3からわかることは、フリーダムハウスの「自由」「部分的に自由」「自由でない」という三つの民主化レベルの指標と経済成長率の変化にほとんど関係性が見られないということである。「民主化が進めば、経済成長につながる」という古い理論は、欧米先進国には適用できたかもしれないが、少なくとも中東・北アフリカ諸国には当てはまらないのである。

チュニジアのように、ほかの中東諸国に比べて「自由」な国になっても、人びとが経済的な豊かさを実感するほどではなかったといわれている。他方、経済成長のみが、一つの国家の豊かさを示すわけでないことはすでによく知られている。では、別の角度から人びとの健康や安全などを調べてみよう。

人間開発指数から豊かさをみる

一つの国の発展レベルや豊かさを測る指標としてよく使われているのは、人間開発指数（ＨＤＩ）である。これは国連開発計画が開発したもので、毎年『人間開発報告書』が発行され、それぞれの国家が現在どのような位置にあるのかがわかるようになっている。かつては国民総生産（ＧＮＰ）や一人当たりの国民総生産などがよく使われていた。しかし、国民間の格差が拡大するにつれ、所得の平均値そのものが意味

表4-3　アラブの春後の経済成長率の変化と民主化レベル

	2014	2015	2016	2017	フリーダム指標指数（2018）
アルジェリア	3.8	3.7	3.3	2.2	35：自由でない
バハレーン	4.4	2.9	3.2	2.4	12：自由でない
エジプト	3.7	4.4	4.3	4.4	26：自由でない
ヨルダン	3.1	2.4	2	2.1	37：部分的　　に自由
クウエイト	0.5	0.6	3.6	-1	36：部分的に自由
モロッコ	2.6	4.5	1.2	4.1	39：部分的に自由
オマーン	2.5	4.7	5.4	0.7	23：自由でない
チュニジア	2.3	1.1	1	2	70：自由

注：フリーダム指標とは、フリーダムハウスによる自由指標による。
出典：Khondker HH. The impact of the Arab Spring on democracy and development in the MENA region. Sociology Compass. 2019; 13: e12726

をもたなくなったことや、所得が示す物質的な豊かさのみでは豊かさは測れないという反省から、人びとの生活の質に踏み込んだ指標が必要だという認識が国際的に生まれ、一九九〇年に登場したのが人間開発指数である。

人間開発指数は、その国家の平均寿命や教育指数や一人当たりの国民総所得（GNI）をもとに算出されている。指標はゼロから一までのあいだの数値で示され、一に近いほど開発レベルが高いとされている。

では、アラブの春以後、中東・北アフリカ諸国での人間開発指数はどのように変化したのであろうか。表4-4の国家群は、上の表で分析した国家群と異なるため、フリーダムハウスの指標の指数の変化との関連でのみ着目することにする。

チュニジアの人間開発指数は二〇一〇年から二〇一七年の七年間に、世界での順位を一〇番下げている。また、ほかの「自由でない」国家群では、内戦や紛争状態に陥ったイエメン、シリア、リビアで順位の下がり方が著しい。なかでもリビアは五三位から一〇二位まで下がって

表 4 - 4　アラブの春経験国における人間開発指数（HDI）とフリーダム指標指数

国　名	HDI順位	HDI順位	平均寿命	平均寿命	フリーダム指標指数
	2010年	2016年	2010年	2016年	2018年
チュニジア	81	91	74.3	75	70：自由
エジプト	100	111	70.5	71.3	26：自由でない
イエメン	133	168	63.9	64.1	13：自由でない
シリア	111	149	74.6	69.7	7 ：自由でない
リビア	53	102	74.5	71.8	9 ：自由でない
バハレーン	39	47	76	76.7	12：自由でない

注：フリーダム指標とは、フリーダムハウスによる自由指標を指す。
出典：Khondker HH. The impact of the Arab Spring on democracy and development in the MENA region. Sociology Compass. 2019; 13: e12726.

いる。他方、平均寿命は、六年のあいだにどの国もそれほど変化がないが、シリアが四・九歳、リビアが三・七歳下がっている。

これらの数値の変化からわかったことは二つある。一つは、民主化の指数と人間開発指数の連動性は、紛争国であるかどうかの違いが大きく反映していることである。イエメン、シリア、リビアの民主化度の指数は、紛争国でないチュニジアとエジプトと比較しても、きわめて低い。また、人間開発指数は、民主化度の指数の低いこれら紛争国すべてにおいて、世界順位が急落している。

第二に、ともに紛争国でないチュニジアとエジプトでは、民主化度で大きな開きがあるものの、人間開発指数ではともに世界順位を下げており、民主化したからといって人間開発が簡単に進むわけではないことがわかる。

二つの統計データを総合すると、民主化が進んだからといって経済成長にすぐにつながるわけでもなく、また人間開発が進むわけでもないといえる。人間開発指数は人びとの豊かさを測る指標として完全ではないが、人間開発指数が上がるには何が必要なのであろうか。

経済成長が豊かさを示すのではないという反省から、人間開発指数が登場したのである。しかしながら、経済成長率が上がっても、また人間開発指数が改善されても、いずれの場合においても、実際に富の再分配がどう機能しているかという、国家のガバナンスの問題は重要である。

だが、経済成長がなければ、分配する富も増えない。国連の持続可能な開発目標（ＳＤＧｓ）が、あえて経済成長という、国連ミレニアム開発目標（ＭＤＳｓ）にはなかった概念を入れた目標をつくったのは、成長なくして豊かさはないという原点に戻ったことを示している。経済がよくならなければ、豊かさの実感もないという、経済成長論に戻らざるを得ない面がある。

経済発展に必要な条件は何か

民主化と経済発展が必ずしも比例の関係にないとするならば、経済発展に必要な要件はどのように考えればよいのであろうか。また、アラブの春以後、経済成長率を四パーセント台にまで高めることができたエジプト、モロッコと、民主化がある程度進んだチュニジアとでは、政治的、経済的な条件がどのように異なっていたのであろうか。

世界経済フォーラムは近年、「経済活動に障害となる最も問題となる三つの要素」という、世界各国についての興味深い統計データを出している。この経済活動のなかに、外資の導入あるいは外資を促進するのに必要な要件が含まれている。中東・北アフリカ諸国に限ったことではないが、新たな産業育成や既存の産業の活性化によって雇用の創出を促すには、外資の導入と促進が重要であることは言うまでもない。

外資に限らず、国内の投資家がいかに経済活動に参入できる条件があるか、という点は経済成長にはきわめて重要な条件となる。こうした点を鑑み、外資を呼び込むための指標が、世界経済フォーラムによって提案されている。

指標のなかで重要なものを列挙すると、①非効率な政府の官僚、②汚職、③制約のある労働規則、④政府の不安定性、⑤金融へのアクセス、⑥非効率な政府、⑦政策の不安定度、⑧政府の不安定度、⑨税制、⑩自国民の貧弱な労働倫理、⑪（産業の発展などに）マッチしない教育を受けた労働力、⑫インフレ、⑬犯罪と窃盗、などの要素がある。年度ごとにこれらのいずれかの要素が、経済活動をする側にとって大きな障害と判断されているかを測るのである。

こうした指標を用いて中東・北アフリカ諸国の経済制度を分析した場合、何が見えてくるのであろうか。

汚職と政治的不安定度が経済発展を阻む

ニザール・ベシェイクは、アラブの春が始まる一年前の二〇一〇年から二〇一八年までのあいだ、チュニジア、エジプト、モロッコについての比較分析を行っている。ベシェイクによれば、まずチュニジアを見ると、経済活動を阻む最悪の要素の第一位は非効率な政府の官僚組織で、アラブの春以前から二〇一八年まで変化していない。

経済活動の障害となる要素の第二位は金融へのアクセスであり、この問題は二〇一〇年から二〇一六年まで続いていたという。それが二〇一七年から二〇一八年にかけては、汚職と政策の不安定度が二位あるいは三位を占めるようになっている。つまり、汚職は民主化後の近年になって進み、体制は変わらなくても連立政権が不安定に推移してきたことが、健全な経済活動を進めるうえで障害になったことがわかる。

エジプトの場合は、アラブの春以後は一貫して「政策の不安定度」が第一位を占めている。だが二位と三位は年度ごとに異なり、順位と要素が入り乱れる傾向が見られた。そのなかであえて傾向を見いだすとすれば、政府の不安定度と金融へのアクセスが二位と三位を占めている。

それが二〇一八年になると、インフレが二位、汚職が三位となった。エジプトの場合も、近年になって汚職が進んだ点はチュニジアと同様であり、政府もしくは政策の不安定度が経済活動の阻害要因となっている点もチュニジアと同様である。

最後にモロッコの場合はどうであろうか。モロッコの阻害要因の上位は、概して「非効率な政府の官僚機構」「汚職」「政策の不安定度」の三つである。いいかえれば、汚職はアラブの春以前から現在に至るまで大きな問題であり、あまり変化がないのである。

これら三ヵ国のデータを総合すると、いずれの国家の場合も汚職問題は近年深刻な問題となっていることがわかる。また、非効率な官僚機構や政策の不安定度が阻害要因として存在する点は、三ヵ国に共通している。

つまり、官僚機構は短期間で変化しにくい要素であり、政変が起こっても起こらなくても、その国家の根幹にかかわる国家機構を変えることがいかにむずかしいかということである。また、アラブの春は、いずれの国家においても政権の不安定化を招き、政治が安定するのは時間がかかったり、困難だったりした国家がこの地域には多い。つまり、政治的安定性がいかに経済活動には重要であるかがわかる。

民主化と経済発展の関係および経済発展を阻む要素について、ここまで取り上げてきたのは、概して石油などの天然資源に恵まれない国家である。アルジェリアとエジプトは産油国ではあるが、湾岸諸国と比べると、国家経済の石油収入への依存度は小さい。では、湾岸諸国は、アラブの春以後、どのような経済運営をしてきたのであろうか。

4　中国経済に傾斜する中東の大国

サウディアラビアとUAEは、湾岸諸国のなかでもとくに中東・イスラーム世界で起こっている紛争や戦争に大きな影響を与える国家である。すでに第1章で取り上げたように、シリア紛争に対して反体制派勢力に支援をしてきたのは、まさにこの二つの国家であった。

シリア紛争が内戦化した二〇一二年時点では、「サウディアラビアとカタール」対「ロシアとイラン」という対抗関係があり、こうした勢力関係が代理戦争的な側面を助長した。またアメリカは英仏とともに、サウディアラビア、カタール、UAEといった、いわゆる親米政権のアラブ諸国から提案されたアサド政権退陣要求の決議案を国連安保理に持ち込んだ。それを中国とロシアがともに否決している。中国はロシアの側についていたものの、シリア内戦には直接関与することはなか

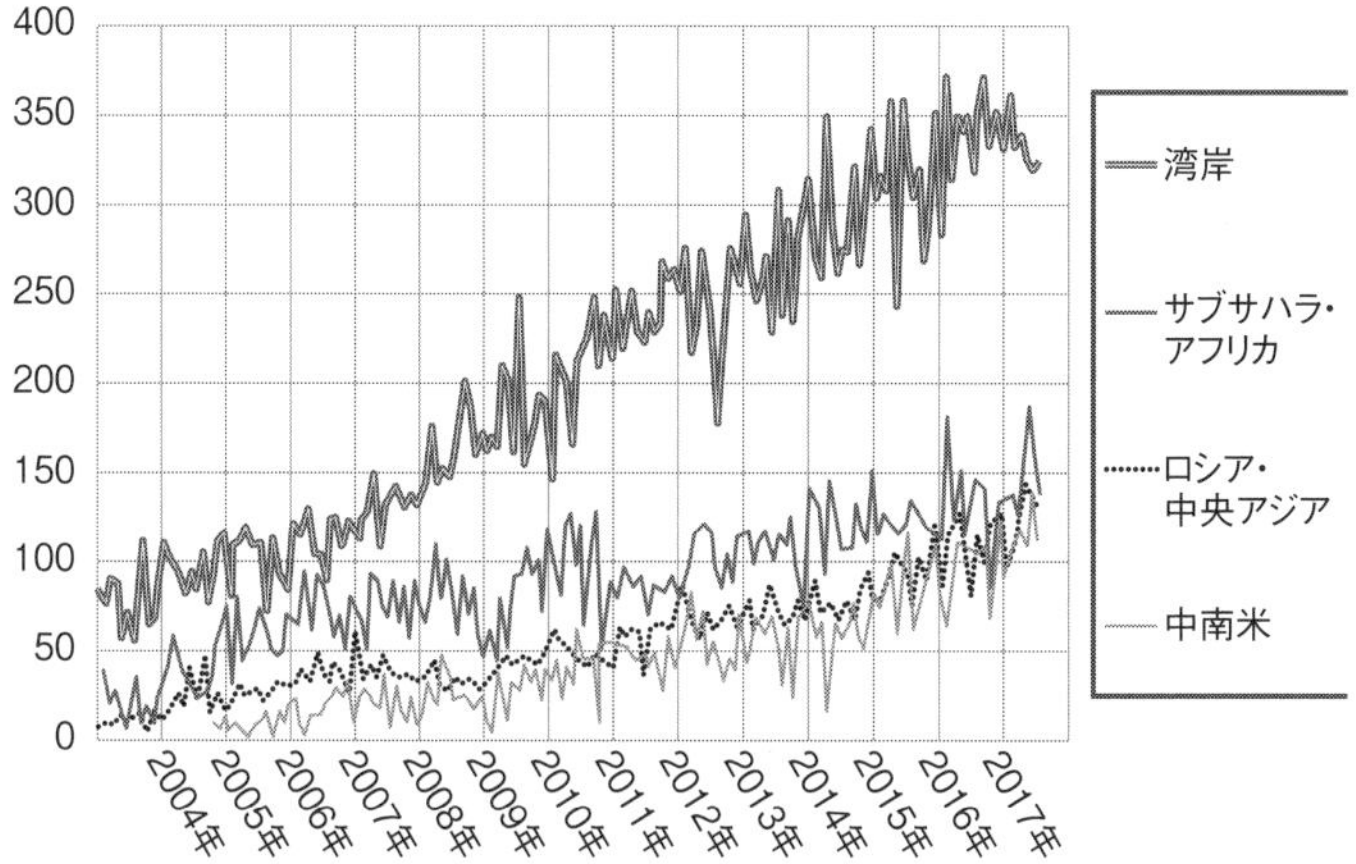

図 4 - 5　中国の原油の地域別輸入先

出典：福田保志「中国と湾岸地域―原油を中心とした関係とその発展」『中東レビュー』3（2018年 3 月）24頁。

った。

つまり、シリア内戦をめぐる動きでは、アメリカとサウディアラビア、カタール、UAEのエネルギー資源国家とは、ある程度歩調を合わせてきた。他方、これら三国のうち、とくにUAEとサウディアラビアは、二〇一二年以降アメリカとは徐々に距離を置きはじめた。いずれも伝統的には湾岸における代表的な親米国家であったが、どのような変化があったのであろうか。

まず大きな変化としては、オバマ政権以降、アメリカが石油調達の脱中東を進め、中国が中東への石油依存を高めた点である。

オバマ政権が脱中東を急速に進めたのは二〇〇六年であるが、中国はまさに二〇〇六年頃より急速に湾岸諸国からの原油輸入量を増やした。ほかの地域からの原油の輸入も徐々には増えているが、湾岸諸国ほどではない。

中国の湾岸諸国からの原油の輸入量は、二〇〇六年の約一〇〇万バーレルから二〇一七年の約三五〇万バーレルへと三・五倍に増えている。

これを湾岸諸国の側から見ると、中国への原油の輸出が増加し、石油経済の維持において中国への依存が高まったことを意味する。では、湾岸諸国のなかでも原油輸出額の大きいUAEとサウディアラビアは、対アメリカ、対中国外交をどのように展開してきたのであろうか。

UAEの外交の変化

UAEは、二〇〇〇年代から石油資源の輸出のみならず、中東における金融のハブとして脱石油経済をめざしてきた。この経済路線がうまくいっていたのは、アラブの春の前までであった。アラブの春以後、シリア紛争が徐々に内戦化し、またイエメンでも内戦が長期化したことは、UAEにとっては大きな痛手であった。自国のみならず中東内で外資の投下に影響が出はじめ、それ以前に加速していた経済発展が鈍化したからである。

UAEは二〇一二年当初まではアサド政権の存続に反対する動きに出ていた。しかしながら、イスラーム国のシリアおよびイラクでの勢力拡大により、二〇一四年にアメリカ主導の「テロとの戦い」が宣言され、さらに二〇一五年にサウディアラビアがイエメンに軍事介入したことで、中東はますます不安定な地域になった。

UAEは、シリアとイエメン内戦の同時進行により、二〇一五年以降は外資が湾岸諸国に入ってこなくなることを危惧し、シリアのアサド政権との和平を模索したり、シリア内戦終結後のシリア再建案などを描いたりした。

しかしながら、アメリカがシリアのアサド政権に対する経済制裁を強化したことで、その実現は遠のいた。ＵＡＥはシリアに対して投資活動を行っていたが、こうしたアメリカの政策とともに投資再開の目途が立たなくなった。そこでＵＡＥが模索したのが、中国とロシアを通じて、アメリカの中東政策とは独立した政策を採ることであった。つまりＵＡＥは、シリアが内戦化するのにともない、アメリカとの外交を見直さざるを得なかったのである。

こうしたＵＡＥの動きがいつ始まったのかについては、意見が分かれている。その転換点を早めに読み取ろうとする見方では、英米主導のイラク戦争の失敗が見えはじめた二〇〇七年頃からだという。他方、ＵＡＥと中国とロシアの接近が本格化したのはもっと遅い時期であるとする説もあり、それによると二〇一六年五月に大転換があったという。

フィナンシャル・タイムズ（二〇一九年七月一九日付）によれば、二〇一七年から一八年にかけてのＵＡＥの対イラン貿易は、再輸出額を含めると一七〇億ドルから一九〇億ドルに上昇した。それが二〇一九年にはアメリカの対イラン制裁のために半額に減少している。

こうした状況下、二〇一八年六月、ＵＡＥはロシアと「戦略的パートナーシップ」を締結した。ＵＡＥは、シリア紛争の勃発当初から数年間は反アサド勢力に武器支援をしていたといわれているが、シリアのアサド政権の正当性を認めるロシアと同様の立場を採ることに転じたのである。その背景には、シリア内戦の終結後のシリア再建にあたって、ＵＡＥとサウディアラビアのシリアへの投資を促進しようとするロシアの意図が働いていたという。

ロシアはシリア再建の過程で、シリアにおけるイランの勢力拡大を阻止したいと考えており、それには湾岸諸国との協調が有効だと考えていた。ＵＡＥはその意味で内戦に転換した二〇一二年当初の政策から大きな転換を図っていた。

ＵＡＥの中国との関係においては、二〇二一年一一月、中国政府がＵＡＥと共同で軍事施設を秘密裏に建設中であることが発覚した。その後アメリカが、そうした動きはＵＡＥとアメリカの関係にとって脅威だと指摘したため、ＵＡＥはその建設を見送った。

他方、二〇二〇年一一月には、中国国有企業の中国遠洋海運集団（ＣＯＳＣＯＣＳ）がＵＡＥのハリファ港に商業用コンテナターミナルを建設、完成させていたことが判明した。アメリカからの要請で軍事施設の建設は中止したものの、ＵＡＥは商業用であるという主張を続けている。実際には、中国は将来軍事的な目的で使用することを意図していると指摘されており、長期的には湾岸諸国の安全保障にかかわる事業が始まっていたことになる。

ＵＡＥのアメリカ離れは、二〇二二年二月下旬のロシアによるウクライナ侵攻後にさらに深まった。アメリカは欧州、日本などの先進諸国とともに、ロシアへの経済制裁網をグローバルに構築することを決めた。これに対し、ＵＡＥとサウディアラビアは、ロシアの軍事攻撃に対する非難声明はあえて控えた。両国はロシアへの支持を宣言したわけではないものの、中国がロシア側についたことを受け、対ロシア政策では中立的な立場を保持しているのである。

こうした状況下、ＵＡＥはシリアのアサド大統領を二〇二二年三月一九日にアブダビに招き、ムハンマド皇太子との会談を果たした。皇太子は「今回の訪問はシリアとこの地域全体にとって善と平和、それに安定の始まりとなる」という声明を出した。

アサド大統領のアラブ諸国訪問はシリア内戦後初めてのことであり、シリア国内ではいまだにロシア、イラン、トルコ、アメリカなどが軍事活動を継続している。アメリカはこれに対して「大きな失望」であると述べ、シリア紛争の政治的解決がないかぎり、シリアへの制裁は解除されないことを明言した。

サウディアラビアの外交変化——中国との関係

湾岸諸国のなかで、アメリカの中東政策に必ずしも同調せず、自律的に独自の動きを見せているのは、UAE以外ではサウディアラビアがある。サウディアラビアは、中国に対する依存度をこの一〇年間、二つの分野で高めた。

一つめは安全保障上の目的で武器購入および最新技術の調達先として、二つめに原油の輸出先として中国を位置づけている。原油価格が下落した一九九〇年代後半、サウディアラビアは中国への石油輸出を増やすため、一九九八年に中国とエネルギー戦略パートナーシップを結んだ。中村覚によれば、両国は二〇〇〇年にはシノペックとサウディアラビア国営石油会社（通称アラムコ社）が戦略的協力関係に署名し、二〇〇四年には天然ガスの合弁会社が設立されたという。また、二〇〇八年から二〇一五年のあいだに、共同出資により中国に石油化学会社および石油精製会社を設立し、稼働させている。

二〇〇〇年以降、中国のサウディアラビアからの石油輸入量は拡大を続け、二〇一六年には数ヵ月間、月別の石油輸入相手国一位の座に就いたのである。

サウディアラビアの中国との関係強化は二〇一三年九月頃から始まったといわれている。その背景には、アメリカのオバマ政権によるイランとの核合意の形成が進展したことがある。二〇一三年七月には暫定合意がイランと核交渉国の間で締結された。また、その後二〇一六年一〇月に、サウディアラビアと中国の関係は大転換点を迎えた。

同年一〇月に在キルギス中国大使館でウイグル人によるテロ事件が発生し、中国はアフガニスタン、タジキスタン、パキスタンと対テロ同盟を構築した。サウディアラビアと中国は対テロ対策、治安の強化において協力していくことを同時期に確認し、アメリカが中国政府による新疆ウイグル自治区での人権侵害を真っ向から批判する立場と完全に一線を画した。

サウディアラビアとアメリカの関係

サウディアラビアは中国と緊密な関係を築いていったが、一九八〇年代から二〇〇〇年代初期まで与《くみ》していた「アメリカ陣営」から完全に遠のいたわけではなかった。

トランプ政権期には、アメリカが一方的にイランとの核合意から離脱した。サウディアラビアは二〇一五年の核合意（JCPOA）をイスラエルとともに歴史的かつ最悪の合意であると評していた。しかしながら、サウディアラビアは、アメリカの核合意からの一方的離脱が、イランのウラン濃縮活動をさらに促進させてしまう恐れがあると懸念したという。

アメリカは、JCPOAをイランとの間に締結したこととのバランスをとるため、サウディアラビアに対しては戦闘機や武器輸出を優先的に行い、サウディアラビアはアメリカにとって武器輸出の格好の市場となった。一方のサウディアラビアにとっては、イエメン戦線を継続するためには武器の調達が必然であった。アメリカのサウディアラビアへの武器輸出は、実はオバマ政権期もトランプ政権期も同様に実施されていた。

表4－5は、オバマ政権とトランプ政権のそれぞれの年度における武器輸出先の上位にある国家を指す。オバマ政権期の二〇一五年には、サウディアラビアに対する武器輸出額は五〇億ドルでアメリカの輸出先としては第四位であった。それに対し、トランプ政権期の二〇一六年には、サウディアラビアが第一位となり、その金額は二〇一五年より五倍以上増えている。

そうしたアメリカの政策が変化したのは、バイデン政権の誕生後である。バイデン政権は二〇二一年二月二六日、サウディアラビアのジャーナリスト、ジャマル・カショギの暗殺にムハンマド皇太子が関与していた可能性を示唆した機密情報文書を公開した。また、民主党議員のなかには、サウディアラビアの人権侵害問題やイエメン内戦への介入を批判する議員が多くいる。そうしたアメリカ議会での声を反映し、バイデン大統領はイエメン内戦におけるサウディアラビアの責任を問いはじめた。さらに、バイデン政権はサウディアラビアに対する武器輸出を削減する策に出た。それがある程度は関係し、二〇二一年三月二二日、サウディアラビアは六年間にわたって続いたイエメン内戦の停戦を初めて提案した。

こうした動きからは、湾岸諸国のエネルギー大国のサウディアラビアはＵＡＥとともに、一方では中国との関係強化を加速させたが、他方では武器の購入に関してはバイデン政権前の二つの政権期までは、とくにイエメンでの戦線を維持するためにアメリカに依存していた。

今後、ウクライナ侵攻が長期化した場合、ＵＡＥとサウディアラビアは、アメリカとの関係をど

表４‐５　オバマ政権期、トランプ政権期の中東への武器輸出

政権の別	年度	武器輸出先	金額上位４位
オバマ政権	2015	カタール	222億ドル（１位）
		クウェイト	124億ドル（２位）
		アラブ首長国連邦	53億ドル（４位）
		サウディアラビア	50億ドル（５位）
トランプ政権	2016	サウディアラビア	178億ドル（１位）
		バハレーン	40億ドル（４位）
		アラブ首長国連邦	28億ドル（９位）
		クウェイト	12億ドル（15位）
		カタール	10億ドル（16位）

注：カッコ内は当該年度の武器購入額の世界ランキングを示す。
出典：Jeffrey S. Bachman (2021): US Congress and partisanship on Yemen among Democrats from Obama to Trump, The International Journal of Human Rights, DOI: 10.1080/13642987.2021.2010049

のように展開していくのであろうか。シリア内戦もイエメン内戦も徐々に収束する可能性が高まっている現在、サウディアラビアとＵＡＥが武器の調達をどこまでアメリカに依存していくのかは未知数である。一定の武器調達関係を継続することが予想される一方、中国の軍事産業における技術革新がさらに進めば、中国との経済関係がさらに強まる可能性は小さくない。

第5章　新しい戦争の時代を生きる

1　武力行使とは何か——二〇世紀から二一世紀への変化

中東・イスラーム世界は、これまで述べてきたように、長期にわたる紛争や戦争に見舞われてきた世界である。一般的に紛争や戦争には武力行使が伴う。今後も中東・イスラーム世界のみならず、武力紛争は世界各地で継続したり、新たな紛争が起こったりすると予測される。二一世紀はこれから七〇年以上続くが、今後中東・イスラーム世界の紛争はどのようになっていくのであろうか。この問いに答える前に、二〇世紀から二一世紀にかけての武力行使の考え方の変化を捉え直してみたい。

二〇世紀の前半には、人類は二つの大戦という悲劇的な戦争を経験した。戦間期には戦争の違法化に関する国際的な取り組みが試みられたが、第二次世界大戦を回避することはできなかった。第二次世界大戦は、欧州のみならず日本を含むアジア諸国に至るまで甚大な被害をもたらした。そうした反省から、戦後設立された国際連合は、武力行使の禁止をいかに規定するかという点に力を注いだ。国連憲章は、第二条四項に武力行使の禁止を明確に規定した。

憲章には「戦争」という用語は使われていない。憲章は、明確な軍事力の行使を指す事柄に関しても「武力行使」という術語で規定している。

国連憲章では、平時と戦時を問わず、人間の尊厳を保護する目的のためには武力行使は基本的に禁止されるべきだと規定している。こうした規定は、国際条約や国際紛争処理の過程で発生した判例などを総合した、国際法（国家間の関係を合意によって規定する法体系で、条約や国際慣習から複合的に構成されているもの）として発展してきた。他方、武力行使とは何を指すのか、実は国際法学者、国際政治学者、実務家のあいだでは、いまだに意見が分かれている。

武力行使に関わる国際法として、国際人権法と武力紛争法（交戦法規と中立法規から成る国際連合憲章以前の戦時国際法）がある。国際人権法は、国際法の中の人権に関わる法であり、一九四八年の世界人権宣言をはじめ、難民や無国籍者の保護、人種差別の禁止、女性・子ども・障がい者の権利の保護などを規定するさまざまな条約から構成されている。

武力紛争法は、戦時における法であり、武力行使の発動のあり方を規定した国際条約を結集したものである。簡単にいえば、戦争のしかたにおいても、やっていい行為とやってはいけない行為が決められている。

国際人権法も武力紛争法も、個人の保護を目的としている点は共通しており、武力紛争においても戦闘員の生命を守ることが重要であるという人道主義の立場に立脚している。一方、武力紛争法は、武力紛争下での死傷者や破壊を最小限に食いとめるために発展してきた。

国連は、紛争が起こったときは、まず平和的解決を追求することを憲章六章で期している。平和的解決が遂行できない事態になった場合は、憲章七章で「強制行動」を取りうることを規定し、経済制裁もしくは国連軍の派兵が安全保障理事会の決議をもって可能であるとしている。

冷戦後に国内紛争、内戦などが頻繁に起こるようになってからは、平和維持活動（Peace Keeping Operation, PKO）がさかんに発動された。この平和維持活動は、憲章六章にも七章にも規定のないものであり、いわばその都度方式の平和維持軍の派兵である。武力行使禁止の例外的な領域としては、国連憲章上は自衛権の行使と集団的自衛権の二つのみである。

こうした例外を除けば、国連が軍事力を行使できるのは、憲章七章の規定する国連軍の派遣のみである。しかし現実には、安全保障理事会の決議が採択されれば、有志連合軍の性格の強い平和維持軍が派遣され、その回数は一九八八年から九四年のあいだに二〇に増えた。平和維持活動はその後、平和構築活動という枠組みで活動内容が拡大したが、成功例は東ティモールくらいであるといわれている。

二〇〇一年の九・一一事件以降、正戦論（ローマ時代に起源をもつ、欧州で発展した軍事行動に関する倫理上の原則や理論、正しい戦争と正しくない戦争とを分ける理論）がアメリカの外交および安全保障政策のなかで新たに再解釈された。それによって「テロとの戦い」の名のもと、武力行使が正当化される傾向が強まった。それは、二〇〇一年の対ターリバーン戦争と二〇〇三年の対サッダーム・フセイン戦争（イラク戦争）に如実に現れた。

対ターリバーン戦争の場合は、国連安全保障理事会（以下、安保理）の決議を経ている一方、イラク戦争の場合は、安保理決議の正式な許可を得ない侵略戦争であった。他方、約二〇年近く経過した現在でも、アフガニスタンもイラクも、戦後復興からはほど遠い状況となっている。

このことは、安保理決議という国際的な「お墨付き」の武力行使であっても、国際法上違法行為である侵略の場合でも、行使された武力がもたらした代償は、当該諸国にとっても国際社会にとっても大きいことを示している。

人道的介入は人道的か

冷戦後のもう一つの武力行使の実態として「人道的介入」がある。人道的介入は、アダム・ロバーツの定義では「人びとの広範な被害を阻止するために、一つ以上の国家によって、他国の同意なしに行われる、武力行使を伴う強制行動」である。冷戦後、この概念のもとで国際的な軍が派兵された代表的な例として一九九九年のコソヴォ紛争がある。

その後は二〇〇五年一〇月に国連首脳会合成果文書として「保護する責任」の文書が採択された。また、二〇〇六年の安保理決議一六七四号（武力紛争における文民保護の決議）の採択の経緯などを踏まえ、非戦闘員（文民）の保護という人道的目的のために集団的安全保障の枠組みのなかで「被介入国の同意なしに武力を使用して実施する強制的活動」を実施することが許容された。

近年の事例としては、二〇一一年のアラブの春以後の混乱期に実施された、リビアへの人道的介入が最後となっている。コソヴォ紛争とリビア紛争への人道的介入については、介入が正当なものであったかどうかついて、いまだに評価が分かれている。

評価の基準は多様であるが、そのなかで重要な指標としては、介入前夜にリビア内で明らかな人権違反行為があったのかどうか、介入時に反政府軍と政府軍の戦闘がどの程度まで市民を攻撃するものであったのか、さらには介入の結果起こった体制転換がその後の国民和解にどのような影響を与えたのか、といった点がある。リビアの事例は、治安の悪化と紛争の発生に対し、NATO（北大西洋条約機構）軍が介入し派兵された。この介入が果たして正しかったのか、という点については諸説がある。

コソヴォ紛争への介入は、「保護する責任」の一部として人道的介入の概念が国際的に規範化する前（二〇〇五年以前）に起こった事例であった。他方、リビアの場合は、人道的介入による武力行使が国際的な合意事項になったのちに起こったという違いはある。しかし、いずれの場合も国連の安保理決議を経た軍事行動とはいうものの、実際にはNATO軍が派兵された点で共通している。NATO軍が国連軍の肩代わりをしたのである。

国連憲章では、武力行使のみならず「武力による威嚇」（憲章二条四項）も禁止している。その例外は、先述のように基本的には自衛権の行使と集団的自衛権の場合の二つだけである。しかしながら、冷戦後から九・一一事件を経て、さらにアラブの春以後のリビアへのNATO介入というプロセスから見えるのは、軍事力が国連憲章七章の規定する強制行動の枠を超えて行使されている現状である。

人道的介入は、文民の保護という目的に根差している。それが大義名分である。他方、国家主権への不干渉原則を侵害する干渉・介入行為であることはいうまでもない。問題は、国家主権を侵《おか》してまで軍事介入するときの基準が明確に存在しないまま、時々の政治的判断が介入する場合としない場合とを峻別してきた実態である。コソヴォの場合もリビアの場合も詳細は後述するが、たとえばコソヴォ紛争の場合は、コソヴォが欧州の一部であったがゆえに欧米諸国は介入を急ぐよう国連に働きかけた感はぬぐえない。

今後リビアの事例に類似したケースが安保理で採択される可能性はそれほど高くない。したがって、人道的介入が憲章七章に基づいた軍事行動であると解釈していくのは無理がある。人道的介入という名前で武力行使を容認した事例が多く積みあがり、国際的に承認されていく可能性は高くないからである。

その意味で、ポスト冷戦期以降今日までの三〇年間、国連憲章にはもともと規定がない概念が、一つ一つあたかも国際的に承認されうるものであるかのように正当化されてきたといえる。平和維持軍の派兵も人道的介入による軍事行動もいずれもそうである。常任理事国の意向を強く反映して規範化され、正当化され、軍事力による武力行使が国際的に容認される傾向が進んでしまったのである。

テロリストと普通の人の境界線はどこか

二〇〇一年の九・一一事件が、国際的な武力行使を安易に認めてしまうきっかけとなったことはすでに述べた。「テロとの戦い」という新たな概念が登場し、その名のもとに、特定の集団のみが戦闘の対象となることが認められたのである。たとえば、イスラーム過激派がその時々の状況でテロリストとして分類され、戦闘行為が正当化されてきた。

ここで考えたいのは、誰がテロリストを認定するのかという問題である。また、テロリストと普通の人びととの違いはどこにあるのか。こうした問いは変だと思う人が多いかもしれない。テロリストは「自爆テロや爆破事件などを起こす人びとであり、普通の人などではない」と考えるのが一般的だからである。

二〇〇一年の九・一一事件(同時多発テロ事件)が起こった当初、アメリカのブッシュ大統領は、ニューヨークの貿易センタービル爆破事件の首謀者をオサマ・ビン・ラディンとターリバーンという、イスラーム過激主義勢力の仕業だと宣言した。これにより、九・一一後のイスラーム世界では、アフガニスタンのターリバーンはテロリストの代表格となった。またアラブの春以後のシリア紛争下で一時はシリアの約四割の領土を支配下に置いた「イスラーム国」(Islamic State, 略してIS)は、自爆テロをシリア、イラクで起こし、一時はテロリストといえばイスラーム国のメンバーと同義語になるほどであった。

だが、イスラームといえばテロが連想されるようになったのは、実はもっと前のことである。それは、第四次中東戦争(一九七三年)頃からである。この戦争が背景となり、ミュンヘンオリンピックの選手村でパレスチナゲリラがイスラエルの選手一七名を殺害するという事件が起こった。映画にもなったミュンヘン事件である。いわゆるイスラーム過激派の活動が中東地域に限らず欧州でも起こりうることが判明したこの事件は、「イスラームこそがこうしたテロリストを生み出すルーツになっている」という誤ったイメージがメディアで広がる契機となった。

では、パレスチナゲリラやターリバーンやイスラーム国のメンバーたちは本当にみなテロリストなのであろうか。この問いに答えるためには、パレスチナゲリラと呼ばれる人びとがいったい誰であるのか、ターリバーンと称される人びとはみな朝から晩までテロ行為をしているのか、イスラーム国のメンバーたちはメンバーになる前は何をし、メンバーをやめたあとはどのような生活をしているのか、といった事柄を明らかにしなければならない。

まずはパレスチナである。この地域で欧米、日本がテロリストとみなしがちなのは、ハマスという勢力である。パレスチナの二つの地域（ヨルダン川西岸とガザ地区）のうち、ガザ地区はハマスが実効支配している。ハマスはもともとムスリム同胞団というイスラーム復興主義の組織に思想的な系譜を有したグループである。ハマスがイスラエルとの和平に断固として反対する立場を貫いてきたこともよく知られている。それゆえハマスは、パレスチナにおけるテロリストとして捉えられてきた。

しかしながら、ハマスはその発足当初より政治部隊と軍事部隊の二つに分かれており、政治部隊に属するメンバーは戦闘や軍事的行動とは距離をおいている。また、政治部隊に属するメンバーの多くは、一般にいう非政府組織、いわゆるＮＧＯの活動に従事している。ハマスは医療と教育活動に熱心であり、ガザ地区で暮らす人びとに低額の医療や生涯教育事業を展開してきた。国際的な支援が届きにくい状況下で、人びとの暮らしを下支えする役割を演じているのはハマスなのである。

またハマスは政党でもあり、二〇〇六年のパレスチナ評議会選挙では圧勝した。パレスチナの人びとが公正な選挙で選んだ政党であるにもかかわらず、欧米も日本もハマスを正当な政府だとは認める立場をとっていない。それはイスラエルを国家として認めないハマスを、イスラエルもアメリカも容認しないからである。

アフガニスタンのターリバーン

では、アフガニスタンのターリバーンはどうか。同時多発テロが起こった当初、研究者もマスコミ関係者もみなターリバーンとは一体誰なのかと問いはじめた。筆者は同時多発テロが起こる数年前から、イラン在住のアフガン難民の調査をテヘラン近郊の村々でやっていた。難民といっても、イランに居住しつつ、イランとアフガニスタンとを往復している人びとが大半であった。

彼らの生活のしかたは、難民、移民、移動民など、どう呼べばよいかわからないほど、多様である。あるときはイランの定住者となり、あるときは数ヵ月単位で両国を往復する移動の民であった。同時多発テロ直後は、ターリバーンとの戦いが多国籍軍によって起こり、アフガン人の多くは国を追われて国境を越え、イランに来た。滞在許可なく入国した人びとも当時は多かった。難民としての申請をした人としなかった人とでは、後者のほうが多いと、テヘランのＵＮＨＣＲ（国連難民高等弁務官事務所）の難民申請の担当官から聞いたことがある。二〇〇〇年八月と二〇〇二年八月に関係者から聞いた話である。

こうした実態から考えると、イランにいるアフガン人たちをどう呼ぶべきかは、むずかしい問題である。戦火から避難してきたという意味では避難民であろうが、戦争が長引けば、両国を短期間で往復したり、兄弟で交代しながら移住労働者として仕事をしたりと、生活パターンがあまりに多様だからである。他方、彼らのライフヒストリーを聞いているうちに、「ターリバーンは国境で着替える」という現象があることがわかってきた。

同時多発テロ直後、ターリバーンといえば、ほとんどがアフガニスタン国内もしくはパキスタンに移住したパシュトゥーン人であるといわれていた。しかし実際には、アフガニスタンの人口で第二の民族であるタジク人のターリバーンも存在した。また、チェチェン紛争で闘い、チェチェンの戦闘が一段落してからアフガニスタンに戦闘員として仕事を得たチェチェン人もいたと、イランのアフガン人たちは主張していた。

ターリバーンとして戦闘に参加していた人たちは、アフガニスタンからパキスタンあるいはイラン、中央アジア方面ではタジキスタンなどに移住したり、移動したりする際には、国境で着替えるのだという。ターバンを取って普通のアフガン人の服装に着替えてから国境を渡る。「僕はターリバーンではないが、ターバンを脱ぐアフガン人たちと一緒に国境を超えた」と語るアフガン人が少なからずいた。また、ターリバーンと一般にいわれる人びとのなかには、昼間は農業を営み、夕方から夜にかけて戦闘員になる人びとがいるという。戦闘員は副業でする場合と、逆に戦闘員が本業で、日中は戦闘に従事し、夕方に帰宅し、ごく普通の父親として子どもの世話をする場合もある。

この話はテロリストと普通の人の境が限りなく曖昧であることを示している。一人の人間が一日のなかでテロリストと普通の人の身分を往復することもある。また、国境を越える際に、テロリストという戦闘員をやめ、普通の人になるという実態があることを物語っている。ターリバーンと十《じっ》把《ぱ》ひとからげに言っても、時と状況によって、テロリストになったり、普通の人になったりするのである。

他方、誰がターリバーンかは、二〇二二年八月に彼らがカブールを占拠して以降、実はわかりやすくなっている。事実上政権の担い手になったからである。政権担当者になったターリバーンは、政権の正当性を示すために、国民に対しても、国際メディア関係者に対しても、例の「ターリバーンルック」で会見を行っている。

「イスラーム国」のメンバー

次に「イスラーム国」の場合を考えてみよう。二〇一四年の国連安保理で採択された「テロとの戦い」では、イスラーム国（ＩＳ）のメンバーは全員テロリストであるという認識になった。イラク、シリアで勢力を拡大したＩＳは、中東の多くの人びとにとって脅威であった。他方、実際には、ＩＳのメンバーになったのは中東出身者だけではなく、欧米人も含まれていたことはよく知られている。当時、自分の息子がＩＳのメンバーになったことを知ったイギリス人の母親が「まさか自分の息子にかぎって」と語る様子をＢＢＣが取り上げていた。

ある人間がいかにして「イスラーム過激派」あるいは「戦闘的イスラーム過激派」になるのか、という研究がここ十年で進んでいる。その人間の生い立ちや家庭の崩壊、若者層の失業問題など、さまざまな原因や背景がそうした層を生みだすといわれている。故郷を離れて孤独感にさいなまれた若者が、何気なく参加した集会で「これがイスラームだ」といわれ、自爆テロの重要性を信じるように洗脳されていく場合があると、ファルハド・ホスラヴィーは明らかにしている。
また、ホスラヴィーによれば、過激派が生まれるのは中東・北アフリカの植民地宗主国である欧州においてであり、その欧州で自分の居場所や拠り所を失った若者たちがテロリストになりやすいという。移住後の生活の拠点となっているイギリスやフランスに対しても、自分のルーツである中東・北アフリカ諸国に対しても、いずれにも帰属意識をもつことができず、アラブとして社会的に疎外されていることがその背景にあるという。こうした事例は、人間がいかに弱い存在であるかを物語っている。

こう考えると、テロリストと普通の人の境界線は、実は簡単に線引きできない面がある。同じ人間が二つの身分を同時にもっていることもあるし、状況が変化すれば瞬《また》く間に普通の人からテロリストになることもある。さらに、誰を「テロリスト」と決めるのかは、特定の国家の安全保障政策が左右する。他方、自爆テロ事件を起こした人は誰の目からも無条件にテロリストになるという主張は可能かもしれない。

だが、現地に住む人びとにとっては、相手がテロリストなのかそうでないのか、関係がない場合がある。たとえばシリアの反政府勢力が、アサド政権が提供できない行政上のサービスを現地の住民に提供したことは知られている。市井の人びとに水や食料を届けていたのが、実はアサド軍がテロリストと呼ぶ反政府勢力であるというケースもあった。

最近の研究では、こうした現象は「反政府勢力のガバナンス」（Rebel Governance）と呼ばれている。本来、国家の統治能力《ガバナンス》を発揮するのは政府である。しかしながら、政府が統治能力を失った地域では、反政府勢力が行政を担うことがある。つまり住民は、政府と戦っているグループから生活支援を受けるのである。こういうケースでは、住民にとって彼らはテロリストではなく、恩人ですらある。反政府勢力＝テロリストという認識は、政府軍や彼らの勢力拡大を恐れる国家の視点ゆえに生じるのである。

ただしここで注意しなければならないのは、欧米諸国の利害関係者と現地の人びとという二つの分類のみで、誰がテロリストであり、誰が普通の人なのかは分けられないという点である。たとえば、パレスチナのガザ地区に住んでいる人のなかには、ハマスの存在ゆえに職業訓練を受けられ、仕事を確保できると思っている人がいる一方、ハマスの戦闘行為のためにガザ地区がイスラエルからの攻撃に晒《さら》されると、ハマスの反イスラエル路線に批判的な人びとがいる。

同様に、ターリバーンの政権復帰以降、自分の娘が中学校あるいは高校に行けなくなったとターリバーンを批判している人びとがアフガニスタンでは増えている。現地の人びとの考え方も捉え方も多様であり、時と状況によって変わる。

「誰がテロリストであるか、誰が普通の人であるか」という問いは、実は戦争のしかたが急速に変化している今日、紛争や戦争が起こった現場で誰が誰を守るのか、誰なら攻撃してよいのか、誰を殺害してはいけないのか、という戦争の原理にも関わっている。それは、戦時における戦闘員と文民の区別の問題である。

誰が戦闘員で誰が文民かという区別は、とくに戦時では重要である。戦時であれば、敵対行為に参加していない人は文民であると考えられ、文民は保護されるべき対象であり、文民を標的にした武力の行使は国際法違反となるからである。

では、戦闘員と文民の区別は簡単なことであろうか。そもそも敵対行為の有無の判定は、AI（人工知能）が発達した現在、ますますむずかしくなっている。いまや、人間の代わりにAIのアルゴリズムが自動的に人間に代わって作業をしてくれる時代である。このAIが人間の日常世界に入り込んできてからは、敵対行為の実施方法が大きく変わった。次節では、ハイブリッド戦争時代のサイバー戦について紹介する。

2　ハイブリッド戦争時代に生きる

サイバー戦争とは

二一世紀に入ってからの戦争のしかたで、もう一つ大きな変化があった。それは、ハイブリッド戦争と呼ばれる戦争である。ハイブリッド戦争は、簡単にいえば通常戦とサイバー戦の両方が組み合わせられて展開する戦争である。サイバー戦争が一つの戦闘行為として展開し始めた背景には、人工知能に関わる急速な技術革新がある。

サイバー戦争というとき、まずサイバー攻撃とサイバー戦争の違いを明確にする必要がある。サイバー攻撃については、「政治的あるいは国家安全保障にかかわる目的で、コンピュータの機能を破壊する行動」を指すというハサウェイの定義が一般的だとされている。しかしながら、ネット上で実施されるすべての破壊的行為や情報工作がサイバー攻撃だというわけではない。クレジットカード情報の窃取や改竄《かいざん》など、単に金融上の利益を目的とした行為は、サイバー攻撃の定義に当てはまらないという見解が主流となっている。

　サイバー攻撃と呼ぶには、攻撃の手段、目的（目標）、効果などの面で、政治目的あるいは攻撃相手の安全保障上の危害を目的とする意図が存在していることが条件となる。また、サイバー攻撃が行使されても、それがただちにサイバー戦争になるわけではない。ICT（情報通信技術）によって制御された無人飛行機が爆弾を投下したり、ミサイルを搭載して攻撃したりするような場合は、物理的な被害（kinetic damage）を与えるため、通常戦に近い戦闘行為とみなされ、サイバー攻撃にはならない。

　他方、サイバー攻撃が重要インフラを標的とし――たとえばイランの核施設の制御装置が破壊されウラン濃縮に必要な遠心分離機に障害が起こった事例や、アメリカ政府職員の約四〇〇万人の機密情報が窃取され、システムの回復に数十億ドルを要した事例のように――極度に被害が大きく、また攻撃の意図が政治的なものである場合には、サイバー戦争と呼ぶのが適切だという指摘がある。

　こうした議論の突破口を開いたのは、塩原俊彦によれば、リチャード・クラークらによる『世界サイバー戦争』という本であったという。サイバー戦争は「損害ないし破壊を引き起こす目的のためにほかの国家のコンピュータないしネットワークに侵入する国民国家による行動」だとクラークは定義している。

　この国民国家という表現は、コンピュータやネットワークに侵入をした行為者の背後に、国家の指揮・命令が存在することを含蓄している。つまり、ある個人がそうした侵入行為を実施したとしても、その背後に国家の政治的あるいは戦略的な意図がなければ、サイバー戦争とは位置づけないのである。

ハイブリッド戦争とは

また、サイバー戦争が起こる前提として、ハイブリッド戦争があることはこの十年間の研究で明らかになっている。ハイブリッド戦争は、当初はいわゆるならず者国家がゲリラ戦と同様に採用する、通常戦と非通常戦の組み合わせだと定義されてきた。その後、ハイブリッド戦争は二〇一四年以降のロシアによるクリミア半島およびウクライナ東部への介入に採用された戦争だと捉えられてきた。だが実際には、定義はいまだに分かれている。

フランク・ホフマンによれば、ハイブリッド戦争とは「正規戦、非正規戦、人工知能（AI）の活用によるサイバー戦や情報戦など複数の手段を駆使した戦争」であり、「全面戦争を意図せず、AI技術によるサイバー攻撃やインターネットの情報を駆使することで、相手に安全保障上のダメージを与え、自国の政治目標を達成しようとする新しい戦争」（Hoffman, 2016, pp. 37-38）であるとされている。

従来、戦争が武力を伴う戦闘を指すのに対し、ハイブリッド戦争は、ミサイルや爆弾などの動きのある（kinetic）武力行使でない闘いをも含む点で、従来の戦争の概念を超えている。武力行使とは、先述したように、他国の領土や軍隊を砲撃したり、他国の港湾を封鎖したりするなど、国際関係においてて武力に訴えることを指し、敵の兵力に対し殺傷・破壊を目的とする戦闘行為を行うことであ

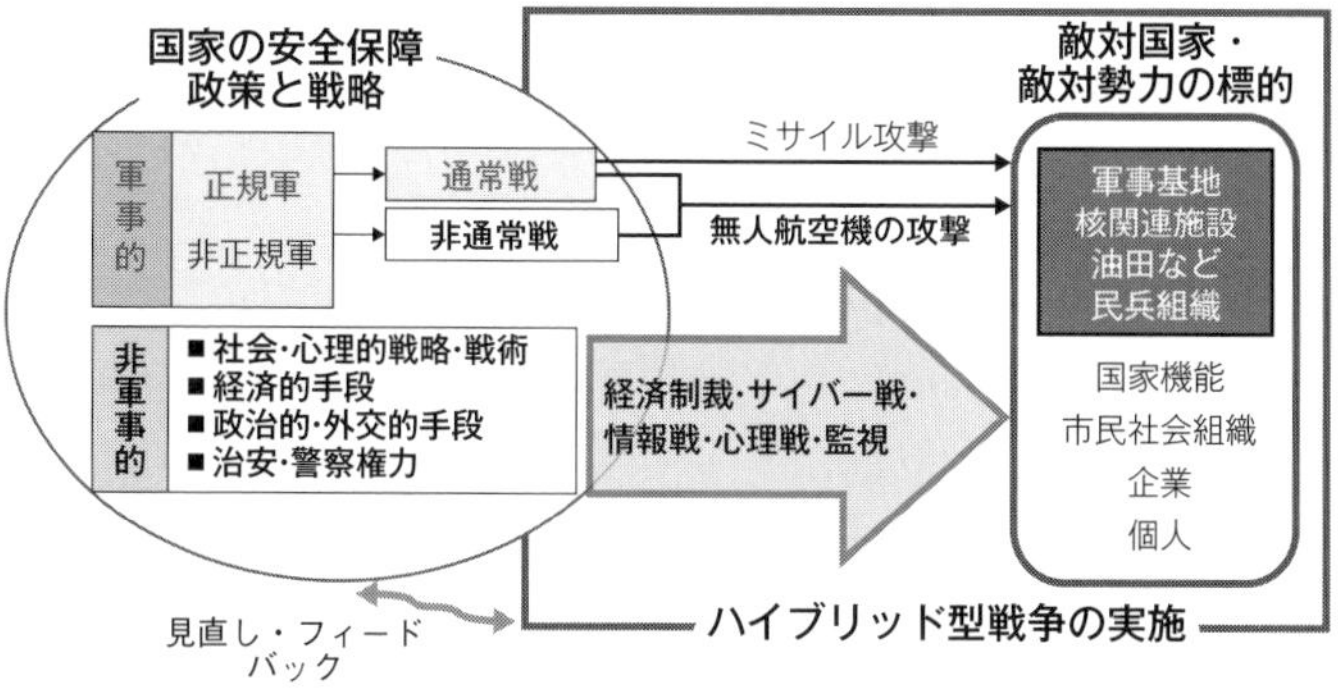

図5-1　ハイブリッド戦争の概念図
出典：筆者作成。

るとされている。これは通常戦を前提としている。

それに対し、サイバー戦争は通常戦とは異なる。それゆえサイバー戦争の「武力性」についてはいまだに論争中である。武力行使であることが明白なのは、軍事攻撃や軍の派兵の場合であるが、サイバー戦争はとかく通常戦を補完するかたちで、ハイブリッド戦争の一端をなす戦闘として実施される。それを図で示すと図5-1のようになる。

サイバー戦が通常戦と組み合わせて実施された事例として有名なのは、先述のようにロシアによる二〇一四年のクリミア併合とウクライナ危機である。ロシアのクリミア併合の際には、ロシアは覆面した部隊をクリミアに送り、住民投票を実施して、武力によらない行動であるように見せかけたといわれている。実際には軍人を送ったのであるが、覆面姿の部隊は文民ともみなしうる体裁であったという。

さらに、ロシアは、住民投票という非軍事的な手段を用いて、クリミアのロシアへの帰属が「住民投票という、ウクライナの主権下での住民の意思によるもの」だと主張した。この伏線として、ロシアはウクライナにおける親露派と欧州派の亀裂を利用し、とくに親露派には政治的なプロパガンダをインターネット上で発信していた。ここにサイバー戦の一端がある。

では、二〇二二年二月二四日に始まったロシアのウクライナ戦争はどうであろうか。ロシアはウクライナに軍事侵攻を仕掛けた。これは明らかに軍事的手段を中心とする戦闘であった。その一方、対ロシア制裁を表明した国家に対しては、文字どおりのサイバー攻撃を行った。通常戦とサイバー戦争が組み合わされていた点は、まさしくハイブリッド戦争である。

サイバー戦争は、どこまでが「武力行使」になるのか

ハイブリッド戦争においては、通常戦とサイバー戦争との組み合わせで戦争が展開されることはすでに述べた。この二つは同時に行われることもあるため、ハイブリッド戦争の効果としては、通常戦とサイバー戦争を二つに分けて考える必要はない。

しかしながら、これまでの国際法が通常戦を前提に「武力行使の禁止」を規定したのに対し、サイバー戦争は想定外であった。通常戦争は明らかに武力行使だといえるが、サイバー戦争は「戦争」とはいうものの、どこまでが武力行使に相当するかは、これまでの国際法には規定がないのである。そこでここでは、サイバー戦争はどこまでが「武力行使」に相当するのかを考えてみよう。

一般に、ハイブリッド戦争の場合、たとえば無人航空機をサイバー上で操縦したり、それにミサイルを搭載したりして、敵対勢力や敵対勢力の施設に攻撃を行うことがある。無人航空機の操縦者が民間人である場合、単なる偵察をした場合と無人航空機を使用して「空爆」した場合とでは、サ

イバー行動の戦闘性も目的も効果も異なる。偵察行為は武力行使にならないが、空爆は「武力行使」になる可能性が高い。ただし、偵察と空爆に使用される無人航空機を操縦した人が、民間人だった場合と軍人だった場合では、偵察と空爆の行為そのものの意味が異なる。

つまり、無人飛行機の操縦者が民間人なのか軍人であるかにかかわらず、無人飛行機による空爆が戦争に発展した場合、それを軍事的行動だと決めてよいのか。また無人飛行機にミサイルが搭載されていなければ、無人飛行機が敵対政府の施設に衝突したとしても、それを非軍事的な行動とみなすのかなど、軍事と非軍事、軍人と民間人の明確な区別をどう決めていくのかは難しい問題なのである。

さらに、標的が軍用物なのか、民用物なのかという区別は、これまでの武力戦争法の捉え方では十分にできない（後述）。ハイブリッド戦争を構成するサイバー戦争が標的にするのは、国家、国家機能、市民社会組織、企業、個人など、いわゆる軍事施設や戦闘員とは異なる場合が存在するからである。

サイバー空間の定義

サイバー戦争において、どこまでが武力行使に当たるのかを捉えるには、まずサイバー空間とは何かを考察する必要がある。サイバー空間については、アメリカ政府、イギリス政府、カナダ政府などがさまざまな定義を提出しており、必ずしもコンセンサスは得られていない。

ここでは、そのなかでやや幅広い定義をしているカナダ政府のものを引用してみる。カナダ政府は、「情報技術の相互に結ばれたネットワークおよびそのネットワーク上の情報によって創造される電子世界」と捉えている。しかしながら、この定義では、サイバー空間をどの国家が所有し、管理するかという国家主権の問題が想定されていない。実際には、電子世界を構成するインフラまで含むかどうかによって、国家主権が及ぶ範囲が決まる。かつては、サイバー空間には領土に基づいた境界はないと主張する立場もあった。しかし今日では、ジョセフ・ナイが主張するように、サイバー空間には物理的インフラ層とヴァーチャル層ないし情報層があるという主張のほうが有力になっている。

塩原俊彦によれば、サイバー空間にインフラを含める立場は、サイバー空間を「戦場」と捉えるものだとし、逆にインフラを排除する立場をとるとサイバー空間を「平和の場」と考えることになるという。サイバー空間を戦場と考えると、国家が外敵からの脅威に晒されないようにサイバー関連のインフラをどう防衛するのか、という命題が出てくる。それは、サイバー空間が国家安全保障上の脅威になりうる場であるという認識につながる。

他方、サイバー空間を「平和の場」と捉える考え方は、インターネットの活用が利用者の善意に基づくことを前提に普及してきた経緯に依拠するものであり、人びとの良心によって「平和の場」になりうる可能性を模索した動きにみえる。しかしながら、実際には、前者の立場のほうが今日優勢となっている。

それは、二〇〇五年に起きたスタックスネットというマルウェア（自己複製してほかのシステムに拡散することで破壊力を発揮する自律的なプログラム）による攻撃をはじめとして、今日多くのサイバー空間上への攻撃が増えていることと関係している。またアメリカをはじめNATO（北大西洋条約機構）は、サイバー攻撃がもたらす被害とその効果が大きく、サイバー空間は闘いの場だとみなす立場を採っていることが影響している。

その背景には、アメリカとロシアの緊張関係がある。アメリカがサイバー攻撃に対する防衛体制や攻撃する能力など、サイバーセキュリティ能力の強化を認識したのは、対ロシア戦略ゆえである。サイバー攻撃能力の高度化に早々と成功したのはロシアであり、そのロシアはトランプ大統領が勝利した大統領選挙の過程で投票活動に影響を及ぼすサイバー攻撃を実施したといわれている。

それでは、サイバー攻撃を受けた場合、それが国家主権の及ばない外部アクターによるものであった場合、どのような国際法が適用されるのであろうか。端的にいえば、国際条約、慣習法のいずれにおいても、適用可能な国際法はまだ十分に確立されていない。民間企業がネット上の攻撃を受けた場合と異なり、国家の安全保障にかかわるインフラに相当規模の破壊が及んだ場合、そうした攻撃が武力行使に値するのかという点について、国際的な合意がまだないのである。

武力紛争下においては、戦闘員と文民は区別され、また軍用物と民用物の区別を明確にすることで、被害者をいかに保護するかという努力がこれまでも行われてきた。一九七七年のジュネーブ条約の追加議定書Ⅰにおいて、文民と民用物は攻撃対象としてはならないことが明確にされている点は重要である。

他方、サイバー攻撃が頻発するなか、国連総会での政府間プロセスの場において、法制化に向けた会議が開催されている。政府専門家会合や作業部会などがその主な動きである。参加国数は、二〇〇四年に始まった第一回から徐々に増加し、第六回の二〇一九年から二〇二一年の政府専門家会合では、サイバーセキュリティをめぐって議論が行われてきた。

サイバー行動への規制と武力紛争法の適用に向けての動き

国際法がどのようにサイバー空間に適用されうるかは、二〇一四年から二〇一六年の第四回会議になって初めて議論されはじめた。なかでも武力紛争法という戦時に適用される法をどうサイバー攻撃に当てはめうるかが、議論の焦点となってきた。全体としては、武力紛争法はサイバー戦にも適用されるべきだとする国のほうが圧倒的に多い。

逆に、適用されるべきでないと主張する国家は、中国、キューバ、イラン、ニカラグア、ロシア、ベネズエラなど、アメリカの覇権主義に反対する国家群に集中している。

中国はサイバー攻撃をいかに予防するかに重点を置くべきだという立場をとった。サイバー攻撃の予防は、サイバー攻撃の防衛とは異なる。予防は、国際社会がいかにサイバー攻撃を互いに回避するかという問題である。いいかえれば、サイバー攻撃が一つの武力だとすれば、攻撃はどのような場合に発動してよいのか、あるいはしてはいけないのか、ある国家が攻撃をしないように予防するにはどうすべきか、といった議論が展開している。通常戦の場合の武力行使とサイバー戦の場合はどう異なるのかを議論する動きが、中国を中心に始まっている。

国際的な議論が国連を中心として展開するなか、赤十字国際委員会が提出した報告書が注目される。それは、通常戦を前提にしている武力紛争法には、文民は攻撃対象にしてはならないとか、軍用物は攻撃してよいが民用物は攻撃してはならないとか、さまざまな原則がある。これらの原則をサイバー行動についてどう適用すべきかについて、赤十字国際委員会はガイドラインとして提案している。

では、赤十字国際委員会は、サイバー攻撃をどの程度武力行使に相当するものだと考えているのか。また、どのような場合にサイバー攻撃は禁止すべきだと捉えているのか。

端的にいえば、本委員会は攻撃する側に対して、無差別サイバー攻撃と過度のサイバー攻撃を禁止すべきであるとしている。さらに、攻撃側に対し、文民および民用物への付随的損害を避け、最小化することを義務づけている。

また、文民への一般的保護としては、恐怖を広めることを目的とする暴力行為あるいは暴力による威嚇を禁止している。しかしながら、暴力行為または暴力による威嚇は、通常戦では死者や負傷者を大量に出す暴力行為だと理解することは可能だが、サイバー技術を駆使したときに、何をもって暴力行為あるいは暴力による威嚇になると判断すべきなのか、いまだに国際的な基準が決まっていないのである。

「サイバー行動」の国際的規制と課題

上述のように、赤十字国際委員会は、サイバー攻撃の実施主体に対する禁止条項を設けることによって、攻撃してはならない対象など国際的な規範づくりを提言している。そこには、武力紛争法の文民保護の規定をサイバー攻撃に積極的に運用しようとする試みがある。それに対し、こうした見解とは逆行する潮流も見られる。

(1)タリン・マニュアル1および2

サイバー攻撃やサイバー戦の定義とその適用をめぐり、国際的な動きとして注目すべきものがある。それは、サイバー行動を武力行使と同一視する方向性とそのマニュアル化である。サイバー攻撃が物理的な破壊(コンピュータシステムが破壊されても、コンピュータそのものは破壊されない)を伴わない場合、それを「武力による威嚇または武力の行使の禁止」に相当すると考えるべきなのか。また物理的な破壊がなくても、システムへの破壊が甚大なサイバー行動は、武力性があると判断し、国際的に規制をすべきではないか、といった議論が外交の場でさかんになっている。

その重要な動向の一つに、タリン・マニュアルおよびその続編であるタリン・マニュアル2がある。こうしたマニュアルが登場した背景には、二〇〇四年以来開催されてきた国際的な専門家による会合がある。国連の「国際安全保障の文脈における情報および電気通信分野の進歩に関する政府専門家会合」(以下、国連サイバーGGE)である。この会合は数年おきに開催されてきた。

しかしながら、ロシア、中国の意見が欧米諸国と分かれてきた経緯などにより、国連として一つの合意文書を作成するには至らなかった。それゆえ、エストニアのタリンにあるNATOサイバー防衛協力センター(CCD COE)が一部の国際法学者を動員してマニュアルを作成する事業を実施した。その結果生まれたのが、タリン・マニュアル(1と2)である。

二〇〇五年にエストニアがロシアからサイバー攻撃を受けたことを鑑みれば、このマニュアルがアメリカの対ロシア政策の一環としてNATOが作成したこと、またそこには極度の政治性があることは自明である。日本の自衛隊も日米同盟という立場から、このマニュアルが国際法的な位置づけにあると捉えている点は興味深い。こうした状況下、タリン・マニュアル2が解説付きで日本語に翻訳され、一般書として出版されている。他方、実際には、このマニュアルはNATO主導で作成されたものであり、中国やロシアなどの大国を含む国際社会で合意された基準を必ずしも反映していないのである。

(2) タリン・マニュアル2の特徴

それでは、タリン・マニュアル2とはどのような内容なのか。その特徴として、第一に、サイバー行動の武力性を強調している点がある。従来サイバー戦争の武力性については、サイバー攻撃がもたらす有害性とその効果(インパクト)から、その攻撃が武力性を帯びているかを判断する基準にすべきではないかという議論がある。つまり、攻撃の意図よりも、結果として重大な被害が引き起こされれば、それは武力行使だと見做すべきではないかという考え方である。タリン・マニュアル2は、ある程度の「規模および効果」を一種の重大性の基準としている。

しかしながら、この効果(重大性)の基準は、どこまでがそれにあたるのかという点は今後の議論に任されている。その意味では、サイバー攻撃がサイバー戦争である、つまり、一種の戦争であると認定してよいかどうかは、その時々の状況と文脈と国家間のパワーによって変化する。このことは、サイバー攻撃が実施された場合、それが戦争なのか戦争でないのかの峻別が実はむずかしいことを示している。

もう一つの特徴は、敵対国（タリンマニュアルはロシアを仮想敵国とする）のサイバー行動の破壊性に着目することで、サイバー行動を厳密な基準を設けずに武力行使と認定しやすくしつつ、集団安全保障の枠組みのなかに位置づけようと試みている点にある。いいかえれば、武力紛争法のなかの交戦法規にある「均衡原則」（戦闘が許される区域や交戦資格者についての原則）が吟味されることなく、サイバー行動を国連憲章の規定の違反行為と認定するリスクを秘めている。それは、戦闘員と非戦闘員の区別の問題にも影響する。

国際人道法では、文民と戦闘員の区別原則があり、「紛争当事者は、文民たる住民及び民用物を尊重し及び保護することを確保するため、文民たる住民と戦闘員とを、また、民用物と軍事目標とを常に区別し、及び軍事目標のみを軍事行動の対象とする」とジュネーブ追加議定書四八条では規定されている。さらに、第五一条四項では「無差別な攻撃は、禁止する。無差別な攻撃とは［中略］軍事目標と文民又は民用物とを区別しないでこれらに打撃を与える性質を有するものをいう」と規定し、無差別攻撃を原則的に禁止している。

それに対し、タリン・マニュアル2では、「民用物とは軍事目標でないすべてを指す」と定義している。また、「軍事目標は、コンピュータ、コンピュータ・ネットワークおよびサイバー・インフラを含みうる」という。軍用物の基準としては、軍事的利益の存在の有無や「軍事的活動に効果的に資する」かどうかを挙げており、ハードウェア、ソフトウェア、ウェブサイト、さらには電子メールも軍用物になりうると明示している。

こうした考え方が、マニュアルを参照する国家によって、サイバー攻撃の実施の際に活用されるのか、あるいは敵対勢力からサイバー攻撃があったことを認証するためのものなのかは、明確ではない。攻撃を受けたことを決定する際の基準に使われるのであれば、「一個人のメールの内容も軍事的活動の一端をなす」場合があるという規則は、恣意的に運用される可能性がある。メールの捏《ねつ》造《ぞう》は技術的に可能であり、「国家の安全保障に関わるため、メールの内容は公開しない」と宣言してしまえば、「サイバー攻撃」はあったと主張しうるのである。

タリン・マニュアル2では、文民が敵対的行動を採らないかぎり、攻撃からの保護を受ける、としている。ただし、文民が敵対的行動を採った場合（「自身の敵対行為への直接参加」の場合）には、当該者はジュネーブ第一追加議定書五〇条三項に規定される「保護規定」の対象とならないとしている。

他方、アメリカの国益を重視する研究者のあいだでは、アメリカ軍の指令系統下で市民がサイバー戦にかかわるオペレーションを行った場合、その人物は戦闘員と同じ保護規定が適用されるべきであるとの見方が最近出てきている。つまり、ある個人がサイバー攻撃になる行動（オペレーション）をコンピュータシステム上で採った場合、それが国家機関からの指令に基づくのであれば、その人物は敵対行為を行った「戦闘員」になる。戦闘員として見做されれば、その個人は、国際人道法（戦時においても負傷者や病気の兵士や捕虜、一般市民などの人道的な対応のしかたを定めた国際法で、さまざまな条約と慣習法から構成されるもの）上、直接的な攻撃対象となる可能性が高くなるのである。

ここで問題なのは、サイバー戦以前の問題として、通常戦の場合でも、「敵対行為への直接参加」が従来の国際法では十分に定義されていないことである。赤十字国際委員会は、「国際人道法上の敵対行為への直接参加の概念に関する解釈指針」（邦訳は二〇一二年）と称する報告書で、この問題に警鐘を鳴らしてきた。赤十字によれば、「重大な法的帰結にもかかわらず、ジュネーヴ諸条約と追加議定書のいずれも敵対行為への直接参加の定義を規定していない」という。

このような状況下、サイバー行動を国家の指令のもとで実施した一市民が戦闘員になるという解釈を発展させていくことは、人道的な観点から問題を孕《はら》んでいるのではないか。たとえば、ある市民が国家機関の司令でマルウェアを起動させるコンピュータのボタンを押した場合、その被害を受けた敵対国家のスパイは、そのボタンを押した市民を戦闘員として殺害してもよいということにならないか。これはスパイ小説のようであるが、サイバー戦では現実になるリスクがありうるように思えてならない。

3　ロシアのウクライナへの軍事侵攻とその影響

上述のタリン・マニュアルは、NATOがロシアを仮想敵対国家として作成したともいえるが、ロシアはNATOにとって実際に二〇二二年二月、敵対国家となった。

二〇二二年二月二四日、ロシアはウクライナへの軍事侵攻を開始した。ウクライナへの侵攻は、欧州のみならず、中東への勢力拡大にも影響する。二〇二二年三月三日、ロシアは欧州で最大のザボリージャ原子力発電所を砲撃し、世界を震撼《しんかん》させた。ロシアは三月四日には発電所を掌握し、原子力発電所をいわば人質に取ったような行動に出た。このことだけが理由ではないが、欧州のエネルギーがロシアに依存しているという事態と相まって、NATOはウクライナ危機には直接的な関与はしないと決定する大きな要因になった。

ウクライナへの軍事侵攻は、なぜ起きたのか。紛争の火種は何であったのか。安全保障の専門家たちは、この問いを解明しようとしている。

その背景には、冷戦後のNATOの東方拡大と欧州のロシアへのエネルギー資源の依存があるといわれている。まず、紛争の背景からひも解いてみよう。

冷戦後のNATO拡大とロシア

(1) コソヴォ紛争―NATOの軍事介入

ソ連邦の崩壊で冷戦は表面上終わり、旧東欧諸国が続々とEU加盟およびNATO加盟を果たした。その過程で、NATOと対峙していたワルシャワ条約機構は一九九一年三月に廃止された。ワルシャワ条約機構なきロシアにとって、NATOの東方拡大は脅威であった。ロシアの支配地域であった東欧諸国が西側陣営に取り込まれていくにつれ、ロシアは同盟国を続々と失っていったのである。

こうした状況のもと、冷戦後の国際秩序が一極化する傾向は、国際紛争のあらゆる場面で明白になった。冷戦後の欧州に関する動きのなかで重要なのは、一九九九年のコソヴォ紛争がどう終結したかである。

バルカン半島は旧ユーゴスラヴィアのチトー大統領の時代に非同盟中立政策を採り、ルーマニア、ブルガリア、ポーランド、チェコスロバキア（現際はチェコとスロバキアは別々の国家）、ハンガリーなどの旧東欧諸国がソ連邦崩壊までソ連の陣営に属していたのと対照的であった。

他方、ソ連邦の崩壊の波は、バルカン半島にも押し寄せ、旧ユーゴスラヴィアの各州は次々と独立した。そのなかで独立が遅れたのは、現在のモンテネグロとコソヴォであった。いずれもセルビア共和国内の自治州であったが、コソヴォが紛争状態になると、先述のようにNATO軍が国連軍の肩代わりをし、「人道的介入」の名のもとにコソヴォ自治州を空爆、コソヴォ紛争はあっという間に終息した。

コソヴォ紛争がNATOによる集中的かつ強硬な空爆で終結したことの是非については議論がある。空爆直後は、コソヴォ紛争を短期に終結させることに成功したのはNATOの介入ゆえであるというアメリカの主張に迎合する意見が、欧米や日本の国際政治学者のあいだで共有されていた。

他方、NATO軍のコソヴォでの活動の全容が公開されはじめると、人的被害の甚大さを問題視する議論のほうが強くなった。NATO軍のコソヴォ空爆が「人道的介入」として正当化されうるものであったのかは、ここではこれ以上触れない。というのは、国際法上の正当性の問題を問うよりは、実際のNATOあるいはロシア軍の行動の背後にある政治性を考えることのほうが、ここでは重要であるからである。つまり、ウクライナ戦争の背景を考えるとき、ロシアの側からコソヴォ紛争への介入をみたときにはどう映るのかという問題を解き明かすことが、戦争学の観点から必要である。

コソヴォ紛争は、バルカン半島がアメリカのいわゆる単独行動主義が適用される舞台と化したことを如実に示した。ワルシャワ条約機構なき欧州では、ロシアと同じセルビア系の民族が居住するバルカン半島において（コソヴォの人口の大半はアルバニア人であり、セルビア人人口はきわめて小さいが）、NATOが意のままに行動し、それが国際的に正当化された重要な事例であった。

ロシアは、当時NATO軍のコソヴォ介入を国家の主権に対する決定的な侵害行為であると、強く批判していた。その後二三年が経過した現在、ロシアがウクライナへの侵攻を開始してから一〇日目の二〇二二年三月五日、プーチン大統領は、「一九九九年のコソヴォ紛争は、バルカン半島における主権の侵害行為がNATO軍によって実施された事件であった」とコソヴォ紛争に触れつつ、ウクライナへの空爆や軍事侵攻を正当化したのである。

その後モンテネグロが二〇〇六年六月に独立し、コソヴォ自治州にも独立の機運が生まれた。結局、コソヴォ自治州は二〇〇八年二月に独立を実現した。これによって旧ユーゴスラヴィアは、ほかの共和国が九〇年代初めに続々と先行して独立して以来、完全に解体した。モンテネグロは二〇一七年六月にNATOに加盟したが、セルビアがコソヴォの独立を承認していないことが両国のEU加盟に障害となっており、セルビア、コソヴォともにNATOにも加盟していない。

その意味では、冷戦後のNATOの加盟国の拡大は、欧州ではモンテネグロが最後となっていた。しかしながら、コソヴォの独立と同時に浮上したのがロシアにさらに近いジョージア（当時の日本語呼称は「グルジア」であるが、以下「ジョージア」とする）とウクライナのNATO加盟問題であった。

（2）ロシアの勢力圏——ジョージア紛争とクリミア併合

二〇〇八年四月にルーマニアのブカレストで開催されたNATOの首脳会議において、ジョージアとウクライナがNATOに加盟することに合意したのである。当時のジョージアの首相サーカシヴェリは、これを積極的に進める意向を示したため、ロシアの怒りを買う結果となった。当時プーチン大統領は、ジョージアとウクライナがNATOに加盟するなら軍事行動も辞さない、と明言していた。

筆者は、当時のジョージアがいかにNATO加盟を夢見ていたかを垣間見る場面に遭遇した。二〇〇八年六月上旬、ジョージアの高等教育機関の最高峰であるトビリシ国立大学の教授陣が、当時筆者が勤務していた名古屋大学の法整備支援センターに突然講演にやってきた。日本の公的機関による招聘《しょうへい》で来日したようであったが、東京での滞在後、名古屋大学を訪問し講演会が急遽《きゅうきょ》開催されることになった。

講演の演題は、まさしく「ジョージアのNATO加盟」であった。トビリシ大学の代表団の二名はともに、「ジョージアがいかにNATO加盟を切望してきたか、ジョージアの将来はNATO加盟によって、ユーラシアの中央に位置するジョージアが西側諸国の平和と安定に貢献することにある」といった趣旨を堂々と述べた。

筆者はジョージアが存在するコーカサス地域の専門家ではないが、講演後の質疑応答で素朴に思ったことを聞いてみた。「ロシアはNATOの東方拡大がこれ以上進展することを許さないように思えるが、それでもジョージアはNATO加盟を断行していくのか」と。これに対して、トビリシ

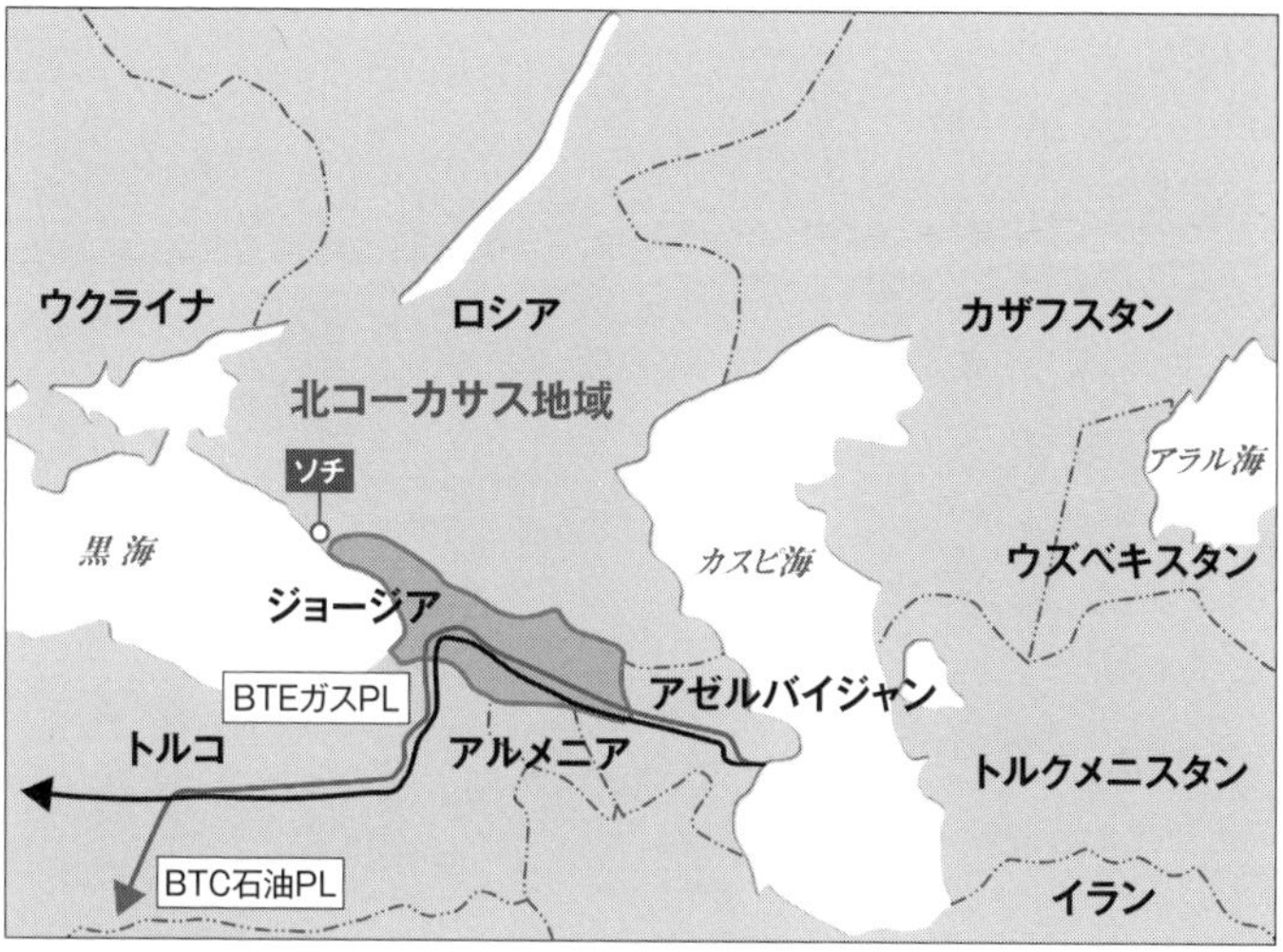

地図5-1　BTCパイプラインとBTEガスパイプライン
出典：アルジャジーラ・ニュース URL: https://www.aljazeera.com/news/2008/8/20/georgias-crucial-energy-corridor

大学の代表団は、「ジョージアの政治的、経済的な将来を鑑みれば、NATO加盟は自明の政策である。すでに加盟は決定された事実として今後は進む」と答えた。筆者はその自信ありげな様子に驚いたが、ジョージアのNATO加盟はコーカサス地域に激変をもたらすのではと危惧していた。

その二ヵ月後、ロシアはジョージア侵攻を実施した。ロシアのジョージア侵攻は、二〇〇八年八月七日のジョージア軍の南オセチア自治州への軍事侵攻が契機となり、南オセチアでロシア軍とジョージア軍が交戦した。その数日後、ロシア軍はジョージアのツヒンバリを制圧し、首都トビリシの近郊を空爆した。EU外相会議の仲介で八月一二日には停戦となったが、ロシアの目標は達成されたという声明を出した。つまり、同年のNATO首脳国会議後、ロシアが明言した「脅し」は現実のものとなり、軍事侵攻という手段によって、ロシアの勢力圏をNATOが侵してはならないことをロシアが示したのである。

ジョージアがロシアの戦略上重要であるのは、NATOの加盟問題だけではない。ロシアには欧州に対してエネルギー資源を武器にした安全保障戦略がある。この観点から鑑みると、ジョージアはロシアにとってきわめて重要な地政学的位置にある。

ジョージアは、二〇〇五年六月に完成した石油パイプラインの中継地である。バクー・トビリシ・ジェイハン（BTC）石油パイプラインである。ジョージアの首都トビリシがこのパイプラインの真ん中にある。アゼルバイジャンの石油をどう欧州に搬出するかは、一九九〇年代から重要な課題であった。石油のパイプラインのルートは安全を期さなければならないが、コーカサス地域には、ナゴルノ・カラバフ紛争がある。この紛争は、アルメニアとアゼルバイジャンの紛争であるが、一九九〇年以降断続的に勃発している。

そのため、BTCパイプラインは、ナゴルノ・カラバフ紛争でアゼルバイジャンと対立しているアルメニアを回避し、アゼルバイジャンのバクーからトビリシという迂回ルートで黒海を通過せずに陸路でトルコのジェイハンまで続いている。このパイプラインが完成して以来、ジョージアは欧州への石油および天然ガスを搬出する中継地としてトルコとともに重要性を増したのである。

（3）ウクライナの地政学的位置

ジョージアと並び、欧州へのエネルギー資源の搬出ルートにあるのは、ウクライナである。ウクライナでは二〇〇三年に親欧米派の政権が樹立されるオレンジ革命が起こり、ロシア離れの政治的傾向が強まった。その後、親露派政権が政権を一時奪回したが、二〇一九年五月の選挙で親欧米派のボロディミール・ゼレンスキーが首相になった。

ウクライナのNATO加盟問題は、ジョージアの加盟問題とともに二〇〇八年以来ロシアが警戒し、反対してきた。二〇二二年のロシアのウクライナ戦争は、ウクライナの加盟を徹底的に阻止するためであったといわれている。

旧ソ連の元大統領ミハエル・ゴルバチョフは、二〇二二年二月二六日、ウクライナへのロシア侵攻の三日目に、ウクライナ危機について述べ、ロシアにとってのNATOの東方拡大がいかにロシアには脅威であったかに触れている。

「NATO軍とロシア軍はごく最近までお互い離れたところにいたが、今は顔をつきあわせている。かつて我々は、ワルシャワ条約機構を解散した。当時ロンドンでNATO理事会の会合が開かれ、軍事同盟ではなく、政治が軸となる同盟が必要だという結論に至った。これは早々と忘れられた。NATOがこの問題に立ち返るのを私は望んでいる。」(朝日新聞デジタル、二〇二二年三月五日)

このように、ゴルバチョフは、NATOが世界を一極支配してきたことが、ロシアを追い詰め、政治的解決を怠ったNATO側の責任をも暗に示唆している。ウクライナがNATOに加盟してしまえば、ロシアは直接NATO加盟国と国境を接してしまうのである。

他方、ウクライナは、ロシアから欧州への天然ガスの輸出経路としてきわめて重要な地政学的位置にある。このように、ロシアのウクライナ戦争は、ウクライナという国家がもつ二つの重要性、すなわちNATOのロシアに対する最前線国家になりうる可能性と欧州へのエネルギー資源の搬出ルートの中継地としての価値の両方が背景にある。

ロシアは石油と天然ガスをともに豊かにもつ資源国である。そのロシアは、二〇〇〇年代以降、「エネルギーは安全保障、安全保障はエネルギーである」という政治スローガンを掲げてきた。ロシアはエネルギー資源を外交の武器とし、それがロシアの安全保障政策の根幹にあるとし、ロシアを外敵から防衛するための安全保障にはエネルギー資源の力をもって臨むという立場を貫いてきた。

次項では、ロシアから欧州までのエネルギー供給網としての天然ガスパイプラインをめぐる欧州、トルコ、ロシア、ウクライナの関係に着目してみよう。

欧州のエネルギー安全保障と欧州、トルコ、ロシア、ウクライナ関係

「エネルギー安全保障」という概念は、入江一友、神田啓治の研究によれば、一九六一年七月の欧州エネルギー政策調査団の報告書にルーツがあるという。当時はとくに日本では、エネルギーの低廉かつ安定的な供給をどう確保するかに重点があり、必ずしも安全保障という用語が使われていたわけではない。その後、日本は一九七三年の第四次中東戦争の影響でオイルショックを経験し、石油価格の高騰に直面した。その経験から石油の備蓄をエネルギーの安定供給のために重要な政策として実施してきた。

エネルギー安全保障は、食糧安全保障、水の安全保障と並び、今日では世界的に国家の安全保障に関わる問題だと捉えられるようになった。二〇二二年二月下旬に始まったロシアのウクライナへの軍事侵攻によって、石油価格が高騰し、欧州がロシアから天然ガスの輸入に依存してきたことで、エネルギー資源の確保は欧州をはじめとする世界各国の喫緊の問題となった。

今日、エネルギー安全保障とは、適正な価格でエネルギーが必要量、持続的に供給されることを指す。あえて安全保障という用語が使われるようになったのは、供給量への危機的状況が、資源国での政変や周辺国での紛争によって引き起こされがちなためである。資源国が供給し、搬出しうる量は変化しなくても、供給に必要な石油や天然ガスのパイプラインルートが紛争の影響を受け、結果的にエンドユーザーに流れる量が不足し、価格が高騰する場合もある。

資源の量的確保と持続性のみならず、安定した価格での供給は、日本のようなエネルギー資源の輸入国にとっては不可欠である。これらの条件をすべて満たすためには、日常的な危機管理が必要であり、それを行うのは国家の役割である。日本のようなエネルギー資源の輸入国は、石油の備蓄によって量的に不足した場合に備える政策をとるのが通常である。

他方、エネルギーの安定的な供給が適正価格で継続しない場合として、紛争や戦争だけが原因とは限らない。資源国への経済制裁によって、資源の安定供給が阻まれることもある。イランの核開発問題の際には、イラン石油の禁輸措置が国際的な制裁措置として発動され、日本もイランからの石油輸入量を大幅に削減せざるを得なくなった。日本は、イランからの石油の輸入量を二〇一二年以降この十年間で半減させた。対米協調を日本外交の軸とする日本にとって、アメリカが主導した国際的なイラン石油のボイコットに日本は参加せざるを得なかったからである。これに対し、日本は、石油輸入先を多様化することで、日本が輸入する量には変化が起こらない措置を講じた。

さらに、ロシアのウクライナ戦争によって、二〇二二年四月以降、欧州は対ロシア制裁をアメリカの後押しによって自ら決定し、ロシアからの石油、天然ガスの輸入を段階的に削減することになった。自分の首を絞めることになるのは承知のうえで、あえてエネルギー資源の輸入量を削減することにしたのである。

ペルシャ湾岸の産油国からの石油の輸入量を増やすことがあまり期待できない今日、ガソリン価格は上昇している。このように、エネルギー資源の調達先を変えたり、同じ調達先からの量を増やしたりすることができない場合は、中長期的には、代替エネルギー資源をどう増やすかが問題になる。それがうまくいかなければ、資源不足により経済活動は停滞するリスクに晒されることになる。

その意味で、この問題は究極的には経済問題であり、国家的危機管理問題であるという面で、エネルギー確保にとどまらない「安全保障」問題である。欧州にとって、ロシアの軍事行動が長期化したり、欧州まで飛び火したりしないようにすることは、国家の安全保障に関わる問題である。すなわち、欧州諸国は、エネルギー資源の確保をむしろ短期的に犠牲にすることになっても、国防に関わる安全保障を優先することを選択せざるを得なかったのである。これは、エネルギー（資源）の安全な確保という意味での「エネルギーの安全保障」ではなく、「エネルギー（資源問題を巻き込んだ）安全保障」である。

先述のように、ロシアがウクライナ戦争を強硬にした背景には、エネルギー資源を外交や軍事的行動の道具として使いうるという資源国ならでの自信があった。では実際に、ロシアは欧州に対するエネルギー供給に関して、いかなる支配力を確立してきたのであろうか。

（1）ロシアとトルコのパイプライン外交

ロシアとウクライナの関係は、二〇〇四年のオレンジ革命で親欧米政権が樹立されて以降、悪化した。その後、ロシアは親露派政権を樹立すべくウクライナの政治に干渉を続ける一方、ウクライナに対する天然ガスの供給量を削減する措置を断続的に実施した。その影響は、ウクライナに留まらず、ブルガリア、ルーマニア、ハンガリーなど南欧諸国にも達した。

ウクライナは、ロシアがいったん欧州に輸出した天然ガスを欧州から「逆輸入」することで、国内のガス供給の脱ロシア化を計った。ロシアはウクライナを迂回する「ノルドストリーム2」や、黒海の海底パイプライン「トルコストリーム」などの建設に相次いで着工したが、二〇一七年にはアメリカの制裁を受け、欧州へのガス輸出が阻まれる状況に直面した。

他方、欧州向けにロシアから搬出され、ウクライナを通過するパイプラインによるガスの割合は、一九九〇年の八五パーセントから二〇一八年の四一パーセントにまで減少した。ソ連邦の崩壊直後の一九九〇年から二〇一八年までのロシアとウクライナのガス輸入、輸出に関しては、図5－1を参照されたい。

ウクライナとロシアが上述のように概して対立関係にあるなか、ロシアはバルト海経由の二本のノースルートとは別に、ウクライナを経由せず、直接欧州に天然ガスを搬出するルートを開拓してきた。そこで協力関係を築いたのは、トルコである。トルコは、欧州とロシアの中継国家として、

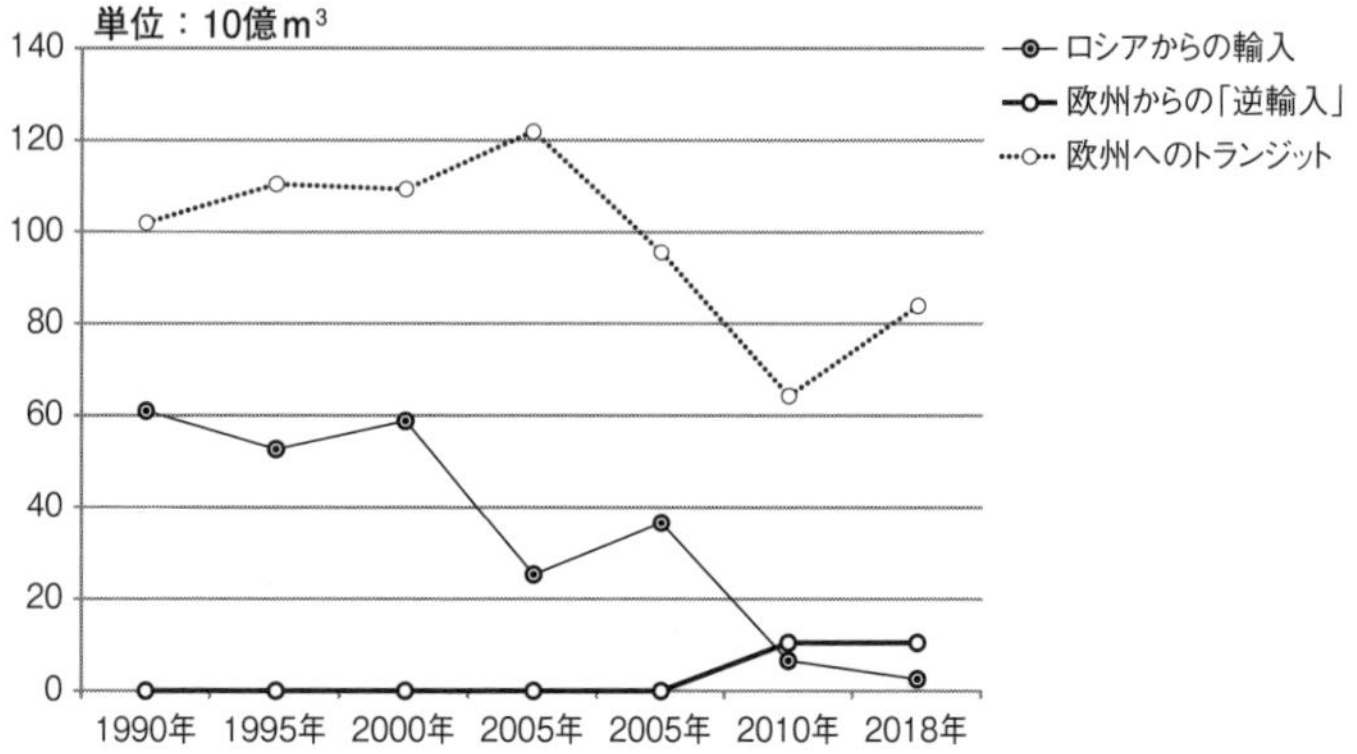

図5-2　ウクライナのロシア天然ガス輸入量などの変化
出典：The Bridge: Natural Gas in a Redivided Europe.［国際環境経済研究所　欧州の環境・エネルギー事情「欧州のガスパイプラインの歴史的展開（その３）」］

ロシアの天然ガスを欧州に搬出することで、経由料収入を得ながら、欧州のエネルギーの安全保障にも一役買うことを外交および経済政策として展開してきた。

ロシアの天然ガスを欧州に輸送するパイプラインの先駆けは、ブルーストリーム・ラインである。一九九七年に建設の準備が始まり、トルコ、ロシアのほか、イタリア、オランダの建設会社が関わり、二〇〇一年から二〇〇二年に全長一二〇〇キロを超えるパイプラインが建設された。二〇〇三年二月にはガスの搬送が開始されたものの、燃料価格についてロシアとトルコのあいだで対立があり、開通式は二〇〇五年九月まで行われなかった。

トルコは、ブルーストリーム・ラインの建設ではロシアと組んだが、その一方で、欧州向けガス輸送においてロシア依存を回避する別のガスパイプラインの建設を計画した。ナブッコ・ラインというパイプラインで、トルコのエルズルムからオーストリア

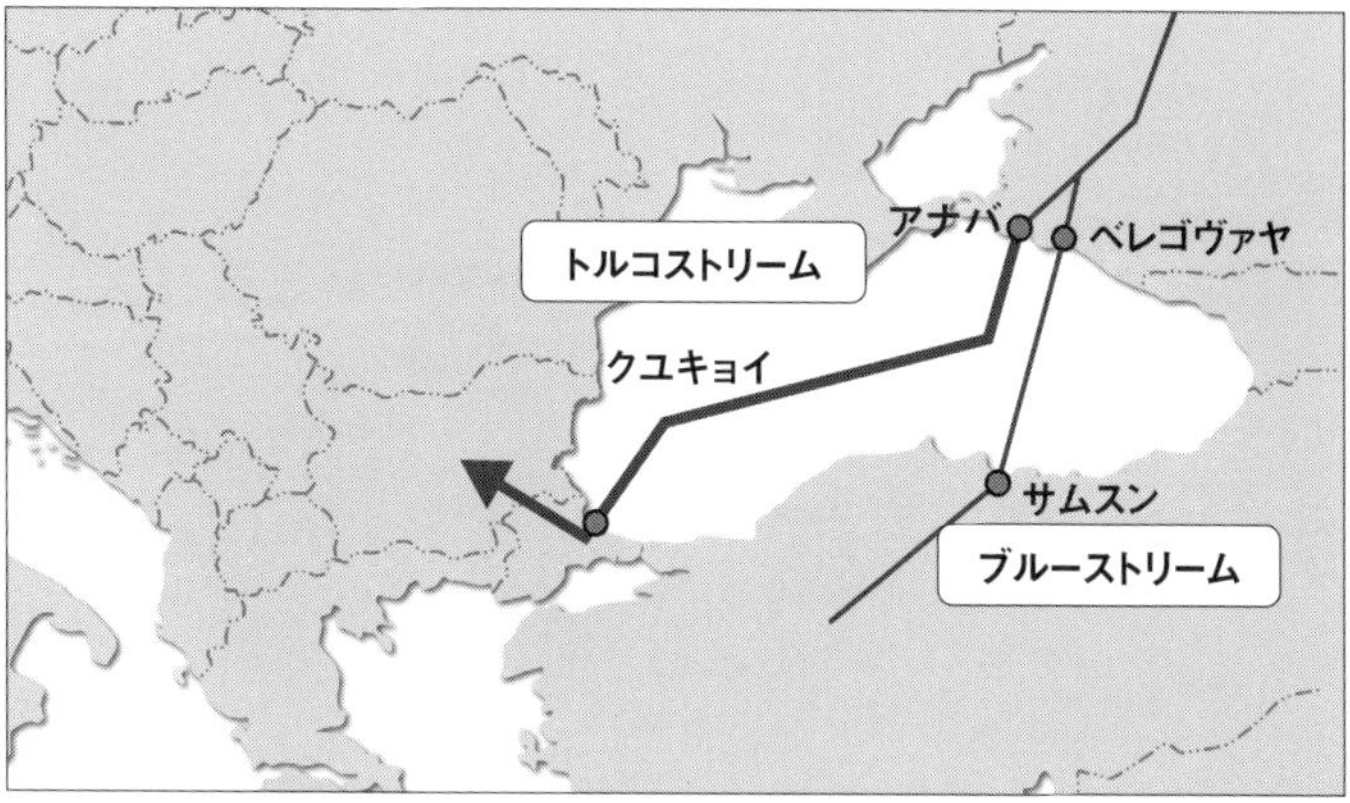

地図５-２　トルコの主要ガスパイプライン
出典：ジェトコビジネス通信（20230年 1 月17日）
https://www.jetro.go.jp/biznews/2020/01/d 969b9eb080a20ce.html

のバウムガルテン・アン・デア・マルヒまでをつなぐ、黒海を通過しないルートであった。ナブッコ・ラインは、二〇〇二年に着工に入ったものの、二〇一三年六月には、トルコと南欧諸国がガスの主要調達先の一つと位置付けてきたアゼルバイジャンのシャーデニス第二フェーズ開発の企業連合が、欧州供給ルートとしてナブッコを選択しないと発表したことで、事実上頓挫した。

　ロシアを完全に排除したナブッコ・ルートラインが中止されたことによって、ロシアは別ルートの開拓を模索した。これがサウスストリーム・ラインであり、ロシアから黒海の真ん中を通過し、ブルガリア、ギリシャ、セルビア、ハンガリー、スロベニア、オーストリアへ天然ガスを供給するルートが計画された。このルートは、ウクライナ経由での欧州へのガス供給にくさびを打ち込む意図があった。このパイプラインは、二〇一三年に着工、二〇一五年には完成する計画であった。しかし、ＥＵのブルガリア

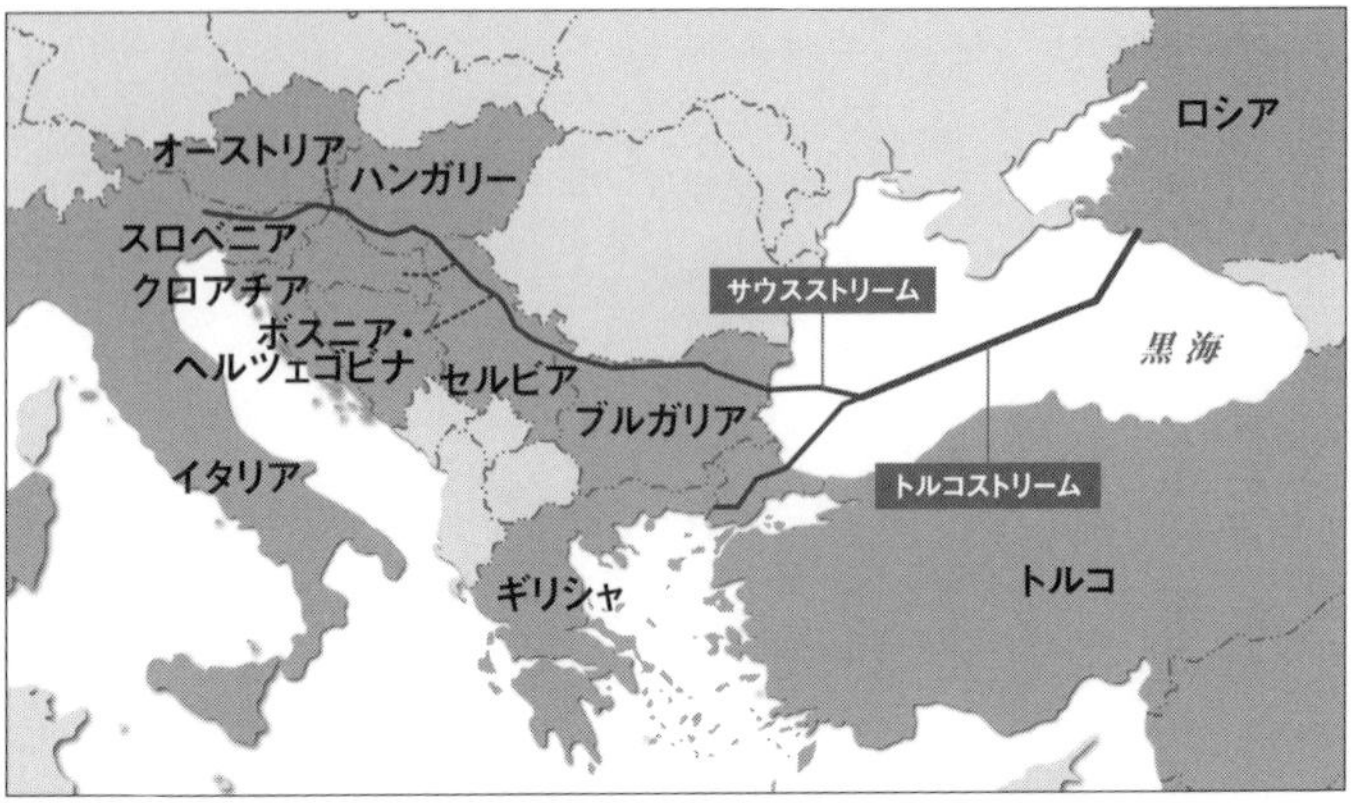

地図5-3　トルコ・ストリームのルート

に対する圧力などを背景に、二〇一四年一二月、ロシアは建設中止をトルコにて発表した。

サウスストリーム・ラインが中止になった二年後、ロシアはトルコと二〇一七年五月に別のガスパイプライン、トルコストリーム・ラインの建設に合意した。このパイプラインは二〇一九年一二月に完成し、二〇二〇年一月にイスタンブールで開通式が行われた。開通式にはトルコのタイユップ・エルドアン大統領、ブルガリアのノボイソ・ボリコフ首相、ロシアのウラジーミル・プーチン大統領、セルビアのアレクサンダル・ヴチッチ大統領が参加した。

アメリカのトランプ大統領は、このトルコストリーム・ラインの完成が黒海におけるアメリカの安全保障を脅かすものだとして、完成と同時に、本パイプラインの建設に従事した船舶や関連会社に対する一方的制裁を決めている。

アメリカの一方的制裁は、ロシアにとっては痛い制裁であった。サウスストリーム・ラインが間接的にEUの圧力で中止に追い込まれたロシアにとって、トルコストリーム・ラインは重要なガス搬出経路であった。ロシアにとって黒海を制圧することは、黒海を超えて地中海にまでアクセスを確保することになる。トルコとの協調関係で実現した、上図の二つのガスパイプラインは、いずれも黒海を横断し、トルコを経由するルートとなった。

（2）黒海の戦略的地位

黒海がロシアの天然ガスを南欧諸国に供給するルートとして重要なことはすでに述べた。欧州のエネルギー安全保障にとって重要な天然ガスを武器に、ロシアはNATO加盟国の支配下にある地中海への経済的・軍事的な進出を主眼に、ウクライナ侵攻を実施したと考えてよいであろう。ロシアのシリア内戦への介入がロシアの地中海へのアクセスを狙ったものであったのと同様である。

ロシアが黒海から地中海に出るには、二つの重要な海峡を通過しなければならない。まず、黒海からマルマラ海へのルートにはボスポラス海峡がある。この海峡を通過してマルマラ海に出れば、その後はダーダネルス海峡がある。ダーダネルス海峡を抜けると、地中海に達するのである（地図5－3）。

トルコは一九三六年のモントルー条約締結によって、ボスポラスおよびダーダネルス海峡の船舶の航行に関する支配権を得た。トルコは平時には民用の船舶の航行は問題ないとしており、黒海沿岸諸国に所属しない軍艦の航行を制限している。ロシアは、トルコが戦時下において両海峡を閉鎖する可能性があると神経を尖らせてきた。

こうした状況下、トルコストリーム・ラインの建設でロシアと協力関係にあったトルコは、ウク

地図5-4　黒海から地中海へ抜けるルート

ライナ戦争をどのように考えているのであろうか。二〇二三年四月末現在、トルコはウクライナを支持する声明を出しつつ、ロシアとの関係が悪化しないように配慮もしている。その一方で、ロシアに対してNATOの最前線の加盟国であるトルコは、アメリカとの関係を重視せざるを得ない立場に立たされたのである。

他方トルコは、ロシアとの良好な関係を維持することによって、欧州への天然ガス供給ルートの中継地としての経済的利益を確保し続けることと、冷え切ったアメリカとの関係改善を選択するのか、まさに板挟みとなっている。すでにNATO軍は、旧東欧諸国のNATO加盟国での戦闘準備を開始したといわれている。

ブルガリア、ルーマニアには米軍基地があり、ポーランドとチェコ共和国にはアメリカのミサイル防衛システムが配備されている。これらの基地と防衛システムは、ロシアとの直接的な交戦の回避を優先する戦略であることはいうまでもない。しかしながら、まさかの時に備えてＮＡＴＯ軍は戦闘体制を敷いている。こうした状況下、トルコは、ロシアとウクライナの和平を仲介する会議を開催し、ウクライナ戦争の早期解決を模索している。

今後ウクライナ危機がどう進展し、どう収束していくのかはきわめて不透明である。ロシアのザポリージャ原子力発電所に対する攻撃は、「核テロ」（Nuclear Terrorism）というロシアによる史上初のテロ活動であり、西側諸国がそれにどう対処するのか、国際政治上、歴史的な転換期となった。ロシアの停戦条件は事実上ウクライナの東部二州とクリミアの割譲であり、それをウクライナがどのように国民のレベルで受け入れていくのか、またそれが戦争の終結になるのか、二〇二三年四月末現在、先が見通せない状況である。

仮にウクライナ側の停戦条件がロシアに提示されたところで、停戦前に事実上ロシアは東部二州とクリミアを軍事的に占領する事態になっている可能性は高い。さらに、ウクライナ全土をロシアが占領することはなくても、ウクライナ戦争が隣国のポーランドやチェコ、さらにはかつてのロシア領のバルト三国にまで飛び火するリスクすら秘めている。

ウクライナ戦争が中東・イスラーム世界にもたらす影響

ロシアのウクライナへの軍事力の行使が激化するにつれ、ウクライナ人の難民の数は二〇二二年五月には四五〇万人を超えている。メディアは難民数の増大や難民たちが置かれた状況の悲惨さを盛んに伝えている。たしかに、欧州に押し寄せた難民数としては過去最大である。しかしながら、世界の目がウクライナにばかり向けられるにつれて、中東・イスラーム世界で継続している紛争や内戦がしだいに忘れられていくことになりはしないか。

ターリバーン政権下のアフガニスタンではテロ事件が増え、治安はむしろ悪化している。国外に脱出できた人びとはそれぞれの避難先で厳しい生活を強いられているが、国内に残った人びとも食べる物がなく、国民の八割以上が飢餓状態に達しているという。

ウクライナ戦争のような大きな戦争が勃発すると、すでに紛争が起こっている地域は、それ以前よりも状況が悪化する。それは、九・一一事件直後、パレスチナでのイスラエル軍による激しい軍事衝突が起こり、ジェニンでの虐殺事件が発生したことやチェチェンでのロシア軍の虐殺行為が一気に進んでしまった例からも自明である。

イラン核問題に関する交渉がバイデン政権発足後に再開されたことはすでに述べたとおりである。しかしながら、ロシアがイランとの交渉国の一つであり、アメリカとロシアの対立がウクライナで激化したことは、交渉に大きな影響を与えている。JCPOAが復活してイランの核開発への抑制を核交渉国が果たすことは、ウクライナ戦争でアメリカと欧州が敵対しているかぎり、核交渉でのロシアの協力関係は容易に築くことはできない。

他方、湾岸諸国のサウディアラビアもUAEも、欧州のエネルギー危機を緩和するための原油の増産に応じることができない。増産能力の問題と同時に、世界がロシア側につくか、敵対するかと二分しているなか、ロシアを積極的に支援することはないものの、ロシアへの批判を控えている。サウディアラビアやUAEの中国寄りは、ウクライナ戦争の影響でさらに進み、アメリカとの距離は広がる。

イランを含めた産油・ガス生産国は、エネルギー危機が欧州をはじめ各国で深刻になるにつれ、石油価格の高騰で短期的には景気がよくなる。そうした状況下、脱資源経済への取り組みが遅れる可能性が強い。油価や天然ガスの価格が高止まりしているあいだは、脱炭素化や脱資源経済の推進を焦る必要はないと考えがちだからである。

こうした傾向は、中東諸国にとって中長期的には決してよいことではない。エネルギー安全保障が世界的に大きな課題となっている今日、中長期的には再生エネルギーの開発や技術革新による脱炭素化が加速し、石油や天然ガスの需要はますます減るであろう。世界第二位の石油消費国である中国との関係を除けば、中東の資源国の重要性はグローバルな政治経済のなかでは小さくなるからである。そうなれば、経済成長も人間開発もともに停滞していくリスクがある。紛争や戦争は貧困や経済的な停滞のみが原因で起こるわけでないが、経済開発が進まない地域が平和になることがいかにむずかしいかは、過去の歴史から明らかである。

おわりに

本書が取り上げた中東・イスラーム世界は、地理的には中東・北アフリカという一つの地域が中心となる世界である。その一方で、中東・イスラーム世界は地域が限定できる世界だけでもない。ムスリムは現在世界中に居住し、グローバル社会の一部を構成しているからである。

かといって、世界中のムスリムがイスラームのもとに連帯し、イスラーム世界は決して一体だというわけではない。アフガニスタンやシリアやイエメンでの戦闘に参加している戦闘員は大半がムスリムである。パレスチナ紛争はその点が異なる。イスラエル軍とパレスチナ人（ムスリムおよびキリスト教徒）との戦いである。

一方ですべての紛争や戦争に共通しているのは、外部勢力の介入があることである。外部勢力は、中東域内の国家とアメリカ、ロシア、欧州の国家のように中東域外の国家の両方から成る。介入が起こるのは、それを可能にする諸条件が当該地域や国家内にあるからである。

紛争や戦争が起こる国家や地域は、一部の集団のみが政治権力を掌握し、富の分配が不十分で、マイノリティの権利が保障されず、人びとのあいだに不平等が続くという構造的な問題が解消されないという内的条件がある。ある集団の勢力が強まり政権を奪回しても、これらの根本的な問題が解消されないため、別の集団が抵抗したり、抵抗する者同士が同盟を組んだりして戦闘が再発する。こうした政治、経済、社会不安があるところでは、外部勢力は容易に介入してくる。

外部勢力の目的は多様である。アメリカ、ロシア、イギリス、フランスなどの域外勢力の場合は、武器移転で得られる利益が大きい。核開発問題が脅威の対象になるのは、脅威を認識する国家やグループがより軍事化、武装化するからである。戦時に備えて武器や戦闘機が買われ、戦時になれば日ごろから蓄積していた軍事物資や兵器が戦いに使われる。

一方、中東域内の国家や勢力が紛争国や内戦国の勢力を支援する場合には、手段として武器や軍事物資を提供するが、目的は域内のパワーバランスのなかでの自国の防衛である。防衛しつつ、勢力を拡大することがしばしば意図されている。

だがここで重要なことは、戦闘に参加している当事者は、国家であれ、集団であれ、個人であれ、戦うことで「まもる」ものがあるという、戦争のもう一つの現実である。自国内の政治的、経済的問題から国民の目をそらすために国家が戦争をしかけたり、進行中の紛争に介入したりする場合は、自分たちが掌握している国家権力を「衛《まも》る」ためである。これが国家権力者にとっての「まもり」である。

また、戦う人びとの多くは、敵から攻撃を受けたときに報復して抵抗を示すことで、自分の居住地や生活を守ろうとしている。長期にわたる戦場地に住んでいる人びとのなかには、戦闘員になることでしか生きられない人びともいる。戦争が終わったら失業する場合もある。

ここでは「まもる」という表現をしたが、人びとがまもる姿には、人間が生きていくことの厳しさが映し出されている。さらに見方を変えれば、それは身の安全を求め、安定した生活あるいはより豊かな生活を求める営為であり、平和への希求が根底にある。その意味で戦争と平和は表裏一体であるように見える。

戦争と平和の隣り合わせの関係は、外部勢力として戦闘に直接的にあるいは間接的に荷担している国家が、同時に人道支援を積極的にしているところにも如実に表れている。紛争地への武器移転で潤う軍事産業がある国家は、国連を通じて、あるいは二国間の枠組みで、人道支援や紛争後の国家再建を行っているのである。

ダニエル・エルスバーグは「ウクライナ戦争で誰が利益を得るか」というアルジャジーラ放送局のインタビューで、ロシアのことを戦争の利益者にとっての「不可欠な敵」だと語った。敵がつくられなければ戦争は起こらず、戦争の利益者もまたいない、という一つの真理を端的に語ったものである。そして「このことは、ロシアの残虐性が許されてよいという意味ではない」と付言した。

紛争地でも平和な場所でも、状況は刻々と変化する。戦地で誰と誰が戦っているのかは、日ごとではなく時間単位で変化する。戦争の技術もまた日進月歩で、戦闘機よりも無人飛行機（ドローン）のほうが時には効果的な時代に入りつつある。ソーシャルメディアやツイッターが政策決定者の便利な道具になり、人びとが共有する情報は、何が真実で何が嘘なのかを判別することがますますむずかしくなっている。空爆や地上戦やドローン攻撃とともに、サイバー戦や情報戦や心理戦が展開する時代である。戦争はおそらく人間が生きているかぎりなくなることはないと、よくいわれている。それはなぜなのか。本書がその問いへのヒントを提供する一助になれば幸いである。

あとがき

本書は、主として二つの科学研究補補助金の研究成果を踏まえている。第2章は、二〇一九年度から二〇二一年度にかけて実施された基盤研究（B）「ムスリム女性移住労働者の国際移動――オートノミー構築へ」（課題番号19H01464 代表：中西久枝）、第5章は、二〇二二年度に開始され二〇二三年四月現在進行中の基盤研究（A）「ハイブリッド戦争時代の新たな安全保障学の構築――中東ユーラシアの事例から」（課題番号22H00051 代表：中西久枝）の成果の一部を反映している。

他方、本書全体を流れるテーマである、戦争と平和の境界線は実は曖昧なのではないか、戦争は平和の一部であり、また平和は戦争状態の一部ではないかという問いは、著者が過去三〇年間徐々に温めてきたものである。その意味で、本書は上述の二つの科学研究費補助金以外の多くの研究活動の成果が断片的に盛り込まれている。本章の第3章2節は「イスラーム世界におけるジェンダー観――男女分離を中心に」という演題で研究報告し、それをまとめた『富坂キリスト教センター紀要』第一一号（二〇二一年、一四一～一五五頁）所収の研究ノートを加筆修正している。また、本書の第5章2節は、同紀要第一二号（二〇二二年、一二六～一三一頁）所収の論文を一部加筆修正したものである。

筆者が上述のようなさまざまな研究活動から得た知見を本書にまとめることができたのは、二〇二二年の在外研究期間があったからである。その期間を提供してくれた同志社大学と同大学の同僚たちには心から感謝している。二〇二二年二月一八日から八月一七日までの約半年間の在外研究中は、アルシン・アディーブ・モガッダム教授とアリー・アラヴィー上席講師のお二人がロンドン大学SOAS（東洋アフリカ研究学院）で筆者を受け入れてくださった。このお二人が筆者の研究にさまざまなアドバイスをしてくださったことが、本書の最終章の論点につながった。

SOASに到着した四日目にウクライナ戦争が始まった。その後半年間、ロンドンではガソリン価格も食料品価格も日ごとに急騰していった。エネルギー生産国のロシアがもたらすグローバルな経済的かつ社会的な影響の一端を日々の暮らしのなかで体験した貴重な半年間でもあった。

在外研究からの帰国後は、同志社大学法学部の嘱託講師の西直美さんと助教の阿部亮子さんが本書の初校に目を通してくださった。この場を借りて謝意を表したい。また、本書の企画段階から校了までの一連のプロセスでは、創元社の堂本誠二さんにお力添えをいただいた。彼の献身的なサポートがなければ、本書は完成しなかったと思う。

私事であるが、本書には今は亡き父、中西照夫への想いが詰まっている。イラン、アフガニスタン、パレスチナをはじめとする中東各地への海外調査に行く際、笑顔で送り出してくれた父の存在が筆者のこれまでの研究生活を支えてきたことはいうまでもない。太平洋戦争期に陸軍のパイロットであった父は、厳しい戦火を生き延びた戦中派のひとりであったが、戦争の悲惨さに人一倍敏感であった。〈シリーズ戦争学入門〉の一冊である本書の完成をあの世で見守ってくれているような気がしてならない。

最後に、本書はとくに高校生や大学生の若い世代の方々に読んでもらえたら、という想いで執筆したことを付言し、次世代を担う人びとの生活が今後平和であることを心から祈りたい。

二〇二三年四月

中西久枝

Azar, E. Edvard, *The Management of Protracted Social Conflict: Theory and Cases*. London: Dartmouth Publishing Company, 1990.

Bellamy, Alex J. *Responsibility to Protect*. Cambridge: Polity Press, 2009.

Kaldor, Mary, *New & Old Wars: Organized Violence in a Global Era*. (2ndedition), Stanford: California Stanford University Press, 2007.

Keddie, Nikki, *Roots of Revolution: An Interpretive History of Modern Iran*. New Haven and London: Yale University Press, 1981.

Keddie, Nikki. *Women in Middle Eastern History: Shifting Boundaries in Sex and Gender*. New Haven and London: Yale University Press, 2008.

Moghaddam, M. Valentine, "Patriarchy, the Taleban, and politics of public space in Afghanistan," Women's Studies International forum 25-1 (January-February), 2002, pp. 19-31.

Murray, Williamson and Peter Mansoor, eds., *Hybrid Warfare: Fighting Complex Opponents from the Ancient World to the Present*. New York, NY: Cambridge University Press, 2012.

Nakanishi, Hisae, "The Construction of the Sanction Regime Against Iran: Political Dimensions of Unilateralism," in Ali Z.Marossi & Marisa R. Basset eds., *Economic Sanctions under International Law : Unilateralism, Multilateralism, Legitimacy and Consequences*. Asser Press & Splinger, 2015, pp. 22-41.

Roberts, Adam, "The United Nations and Humanitarian Intervention" (Chapter 5), in Welsh Jennifer M. ed., *International Intervention and International Relations*. Oxford: Oxford University Press, 2003, pp. 71-97.

Stewart, Frances, ed., *Horizontal Inequalities and Conflict: Understanding Group Violence in Multiethnic Societies*. Hampshire: Palgrave Macmillan, 2008.

United Nations Security Council Resolution 2231 (2015) on Iran Nuclear Issue. [https://www.undocs.org/S/RES/2231]（2023年4月23日取得）

実現するために』ナカニシヤ出版、2004年、252〜266頁。

中西久枝「平和クラスター」大坪滋、木村宏恒、伊東早苗編『国際開発学入門――開発学の学際的構築』（勁草テキスト・セレクション）勁草書房、2009年。

中村覚監修／浜中新吾編『イスラエル・パレスチナ』（シリーズ・中東政治研究の最前線3）ミネルヴァ書房、2020年。

中村覚、末近浩太『シリア・レバノン・イラク・イラン』（シリーズ・中東政治研究の最前線2）ミネルヴァ書房、2021年。

長谷川祐弘『国連平和構築――紛争のない世界を築くために何が必要か』日本評論社、2019年。

ズィーバー・ミール＝ホセイニー著／山岸智子監訳／中西久枝、稲山円、木村洋子ほか訳『イスラームとジェンダー――現代イランの宗教論争』明石書店、1999年。

羽田正『イラン史』（YAMAKAWA SELECTION）山川出版社、2020年。

東大作『平和構築――アフガン、東ティモールの現場から』（岩波新書）岩波書店、2009年。

広島市立大学、広島平和研究所監修／吉川元、水本和実編『なぜ核はなくならないのかII――「核なき世界」への視座と展望』法律文化社、2016年。

廣瀬陽子『ハイブリッド戦争――ロシアの新しい国家戦略』（講談社新書）講談社、2021年。

松山洋平『イスラーム思想を読みとく』（ちくま新書）筑摩書房、2017年。

水口章『中東を理解する――社会空間論的アプローチ』日本評論社、2010年。

宮地美江子編著『中東・北アフリカのディアスポラ』（叢書グローバル・ディアスポラ3）明石書店、2010年。

ニルス・メルツァー著／黒崎将広訳『国際人道法上の敵対行為への直接参加の概念に関する解釈指針』赤十字国際委員会駐日事務所、2012年。

最上敏樹『人道的介入――正義の武力行使はあるか』（岩波新書）岩波書店、2001年。

吉岡明子、山尾大編『「イスラーム国」の脅威とイラク』岩波書店、2014年。

山内昌之『中東とISの地政学』（朝日選書）朝日新聞出版、2017年。

山岸智子編著／吉村慎太郎、黒田卓、松永泰行、鈴木優子著『現代イランの社会と政治――つながる人びとと国家の挑戦』明石書店、2018年。

鷹木恵子『チュニジア革命と民主化——人類学的プロセス・ドキュメンテーションの試み』明石書店、2016年。

高橋和夫『アラブとイスラエル——パレスチナ問題の構図』(講談社現代新書)講談社、1992年。

高橋和夫『パレスチナ問題の展開』(放送大学叢書)左右社、2021年。

立山良司『イスラエルとパレスチナ——和平への接点をさぐる』(中公新書)中央公論新社、1989年。

内藤正典編『トルコ人のヨーロッパ——共生と排斥の多民族社会』明石書店、1995年。

内藤正典編著『激動のトルコ——9・11以後のイスラームとヨーロッパ』明石書店、2008年。

内藤正典、岡野八代編著『グローバル・ジャスティス——新たな正義論への招待』ミネルヴァ書房、2013年。

内藤正典『トルコ 中東情勢のカギをにぎる国』集英社、2016年。

内藤正典『イスラームからヨーロッパをみる——社会の深層で何が起きているのか』(岩波新書)岩波書店、2020年。

長沢栄治『エジプト革命——アラブ世界変動の行方』(平凡社新書)平凡社、2012年。

長沢栄治『近代エジプト家族の社会史』東京大学出版会、2019年。

長沢栄治監修/鷹木恵子編『越境する社会運動』(イスラーム・ジェンダー・スタディーズ2)明石書店、2020年。

中田考『イスラーム入門——文明の共存を考えるための99の扉』(集英社新書)集英社、2017年。

中田考『サウディアラビアとワッハーブ派』現代政治経済研究社、2018年。

中田考『タリバン復権の真実』(ベスト新書)ベストセラーズ、2021年。

中谷和弘、河野桂子、黒﨑将広『サイバー攻撃の国際法——タリン・マニュアル2.0の解説』信山社、2018年。

中西久枝『イスラムとヴェール——現代イランの女性たち』晃洋書房、1996年。

中西久枝『イスラームとモダニティ——現代イランの諸相』風媒社、2002年。

中西久枝「国際社会とジェンダー——アフガニスタン復興支援を事例に」松本伊瑳子、金井篤子編『ジェンダーを科学する——男女共同参画社会を

吉川元、中村覚編『中東の予防外交』信山社、2012年。

吉川元、首藤もと子、六鹿茂夫、望月康恵編『グローバル・ガヴァナンス論』法律文化社、2014年。

黒木英充編著『シリア・レバノンを知るための64章』（エリア・スタディーズ123）明石書店、2013年。

小杉泰『イスラームとは何か――その宗教・社会・文化』（講談社現代新書）講談社、1994年。

小杉泰『現代イスラーム世界論』名古屋大学出版会、2006年。

児玉克哉、佐藤安信、中西久枝『はじめて出会う平和学――未来はここからはじまる』（有斐閣アルマ）有斐閣、2004年。

小宮山涼一「世界情勢の構造的変化とエネルギー（その２）転機を迎える石油情勢」『日本原子力学会誌』63巻１号、2021年、65-69頁。

酒井啓子、臼杵陽編『イスラーム地域の国家とナショナリズム』（イスラーム地域研究叢書５）東京大学出版会、2005年。

酒井啓子『フセイン・イラク政権の支配構造』岩波書店、2003年。

酒井啓子編著『途上国における軍・政治権力・市民社会――21世紀の「新しい」政軍関係』（シリーズ転換期の国際政治１）晃洋書房、2016年。

酒井啓子『9.11後の現代史』（講談社現代新書）講談社、2018年。

酒井啓子編著『現代中東の宗派問題――政治対立の「宗派化」と「新冷戦」』（シリーズ転換期の国際政治10）晃洋書房、2019年。

酒井啓子編『グローバル関係学とは何か』岩波書店、2020年。

篠田英朗『国際紛争を読み解く五つの視座――現代世界の「戦争の構造」』（講談社選書メチエ）講談社、2015年。

ズィーバー・ミール＝ホセイニー著（山岸智子監訳）『イスラームとジェンダー』明石書店、2004年。

末近浩太『イスラーム主義――もう一つの近代を構想する』（岩波新書）岩波書店、2018年。

末近浩太『中東政治入門』（ちくま新書）筑摩書房、2020年。

鈴木慶孝「『移民・難民受け入れ国トルコ』におけるシリア人の社会的包摂に関する一考察」『法学政治学論究』131号、2021年、57-89頁。

高岡豊、溝渕正季編著『「アラブの春」以後のイスラーム主義運動』ミネルヴァ書房、2019年。

主要参考文献

青山弘之、末近浩太『現代シリア・レバノンの政治構造』（アジア経済研究所叢書５）岩波書店、2009年。

ライラ・アハメド『イスラームにおける女性とジェンダー――近代論争の歴史的根源』（叢書・ウニベルシタス）、法政大学出版局、2000年。

アンソニー・H・コーデスマン、中村覚監訳／須藤繁、辻上奈美江訳『21世紀のサウジアラビア――政治・外交・経済・エネルギー戦略の成果と挑戦』明石書店、2012年。

池内恵『イスラーム世界の論じ方』中央公論新社、2008年。

石津朋之、永末聡ほか『戦略原論――軍事と平和のグランド・ストラテジー』日本経済新聞社、2010年。

岩隈道洋「イスラーム文明圏の諸国は、イスラーム法を憲法上どう位置付けているのか――近代憲法とシャリーアの関係に関する一試論」『杏林社会科学研究』34巻２号、2018年、1-15頁。

臼杵陽『世界史の中のパレスチナ問題』（講談社現代新書）講談社、2013年。

内海成治、中村安秀、勝間靖編『国際緊急人道支援』ナカニシヤ出版、2008年。

小野仁美『イスラーム法の子ども観――ジェンダーの視点でみる子育てと家族』慶應義塾大学出版会、2019年。

片倉もとこ『イスラームの日常世界』（岩波新書）岩波書店、1991年。

片倉もとこ、梅村坦、清水芳美編『イスラーム世界』岩波書店、2004年。

ヨハン・ガルトゥング著／木戸衛一、藤田明史、小林公司訳『ガルトゥングの平和理論――グローバル化と平和創造』法律文化社、2006年。

メアリ・カルドー著／山本武彦、渡部正樹訳『新戦争論――グローバル時代の組織的暴力』岩波書店、2003年。

私市正年著／NIHUプログラムイスラーム地域研究監修『原理主義の終焉か――ポスト・イスラーム主義論』山川出版社、2012年。

私市正年、浜中新吾、横田貴之編著『中東・イスラーム研究概説――政治学・経済学・社会学・地域研究のテーマと理論』明石書店、2017年。

さ行

た行

索　引

●著者

中西久枝（なかにし・ひさえ）

同志社大学大学院グローバル・スタディーズ研究科教授。カリフォルニア大学ロサンゼルス校（UCLA）博士号（Ph.D. in History）取得。光陵女子短期大学助教授、名古屋大学大学院国際開発研究科助教授・教授を経て、2010年から現職。ユネスコ国内委員会委員（2005〜2011）、2001年イラン国際問題研究所客員研究員（2001年）、トルコ戦略研究所客員研究員（2006年）、デューク大学アジア中東学部客員教授（2014年）。主著・論文：『イスラームとモダニティ――イラン社会の諸相』（風媒社、2002年）、『はじめて出会う平和学――未来はここから始まる』（共著。有斐閣アルマ、2004年；改訂版2011年）、「平和思想――平和への戦略的アプローチ」（石津朋之、永末聡、塚本勝也編著『戦略原論――軍事と平和のグランド・ストラテジー』日本経済新聞社、2010年）、"The Construction of the Sanction Regime against Iran: Political Dimensions of Unilateralism," in Ali Z. Marossi & Marisa R. Basset (eds.), *Economic Sanctions under International Law: Unilateralism, Multilateralism, Legitimacy, and Consequences*, Springer, 2015.

●シリーズ監修

石津朋之（いしづ・ともゆき）

防衛省防衛研究所戦史研究センター主任研究官。著書・訳書：『戦争学原論』（筑摩書房）、『大戦略の哲人たち』（日本経済新聞出版社）、『リデルハートとリベラルな戦争観』（中央公論新社）、『クラウゼヴィッツと「戦争論」』（共編著、彩流社）、『戦略論』（監訳、勁草書房）など多数。

シリーズ戦争学入門

イスラーム世界《せかい》と平和《へいわ》

2023年6月20日　第1版第1刷発行

著　者……………………………………………
中　西　久　枝

発行者……………………………………………
矢　部　敬　一

発行所……………………………………………
株式会社 創　元　社
〈ホームページ〉https://www.sogensha.co.jp/
〈本社〉〒541-0047 大阪市中央区淡路町4-3-6
Tel.06-6231-9010㈹
〈東京支店〉〒101-0051 東京都千代田区神田神保町1-2 田辺ビル
Tel.03-6811-0662㈹

印刷所……………………………………………
株式会社 太洋社

ISBN978-4-422-30085-6 C0331